中华先锋人物
故事汇

顾方舟

糖丸爷爷

GU FANGZHOU
TANGWAN YEYE

孙卫卫　著

党建读物出版社　　

图书在版编目（CIP）数据

顾方舟：糖丸爷爷/孙卫卫著. —南宁：接力出版社；北京：党建读物出版社，2021.6
（中华人物故事汇. 中华先锋人物故事汇）
ISBN 978-7-5448-7190-7

Ⅰ.①顾… Ⅱ.①孙… Ⅲ.①传记小说－中国－当代 Ⅳ.①I247.5

中国版本图书馆CIP数据核字（2021）第084515号

顾方舟 —— 糖丸爷爷

孙卫卫 著

| 责任编辑：楚亚男　杨豪飞 |
| 责任校对：杨少坤　王　蒙 |
| 装帧设计：严　冬　许继云　　美术编辑：高春雷 |
| 出版发行：党建读物出版社　接力出版社 |

地　　址：北京市西城区西长安街80号东楼（邮编：100815）
　　　　　广西南宁市园湖南路9号（邮编：530022）
网　　址：http://www.djcb71.com　　http://www.jielibj.com
电　　话：010-65547970/7621
经　　销：新华书店
印　　刷：河北鹏润印刷有限公司
2021年6月第1版　　2022年2月第3次印刷
787毫米×1092毫米　32开本　　5印张　　71千字
印数：20 001—25 000册　　定价：25.00元

本社版图书如有印装错误，我社负责调换（电话：010-65547970/7621）

目录

写给小读者的话 ………… 1

一场重要的签字仪式 ……… 1
幼年丧父的苦孩子 ………… 5
埋下学医的种子 …………… 11
不做亡国奴 ………………… 17
求学北大 …………………… 23
从大学生到共产党员 ……… 29
"我要献身公共卫生事业" … 35
留学苏联 …………………… 39
异国生活 …………………… 45
戴上博士帽 ………………… 51
初识"脊灰" ……………… 57

"一辈子都做这项工作"······65

关键一步······71

疫苗"死活"之争······75

给刚满月的儿子喂疫苗······81

毅然离京······89

人能饿,猴子不能饿······95

"要有这个志气"······103

糖丸问世······111

打赢"脊灰"歼灭战······115

好领导、好导师、好朋友······121

面对镜头哽咽了······127

打造"协和精品"······135

坚强的后盾······141

"谢谢您,那是我吃过
　　最好吃的糖丸"······147

写给小读者的话

小读者们,当你们还是襁褓中的婴儿时,就要开始定期服用一种白色"糖丸",最后一次是四岁时服用。许多小朋友都是在医院打完针以后,紧接着吃这颗"糖丸"。"糖丸"放在嘴里真甜、真好吃,也许小朋友们一直觉得,这是自己刚刚打完针,大人们用来安慰自己的。

其实,这种"糖丸"可不是什么糖果,而是一种抗病毒疫苗。之所以叫它"糖丸",是研制者为了让小朋友们吃起来甜甜的,而特地在疫苗的表面包上了一层糖衣。大家可别小看了这小小的"糖丸",从一九六〇年研制成功并在婴幼儿中逐步推广以来,特别是从一九七八年开始在全国范围内列入婴幼儿强制免疫计划——也就是说，现在四十二岁以下的中国人基本都吃过"糖丸"——亿万中国少年儿童从此免除了脊髓灰质炎（简称"脊灰"，俗称"小儿麻痹症"）病魔的侵扰。当我们沐浴在幸福的阳光下健康成长时，我们不能忘记"糖丸"的发明者——被人们亲切地称为"糖丸爷爷"的顾方舟教授。

顾方舟把一生精力都投入到消灭脊髓灰质炎这一急性传染病的战斗中。他是我国研制口服活疫苗的开拓者之一，为我国消灭脊髓灰质炎的伟大工程做出了重要贡献。

一颗小小的"糖丸"，承载的是童年甜蜜的回忆。回忆是对过去最好的纪念，就让我们一起回忆顾方舟教授不平凡的一生，以此来表达我们深深的怀念之情。

一场重要的签字仪式

二〇〇〇年七月十一日,"中国消灭脊髓灰质炎证实报告签字仪式"在北京举行。时任卫生部领导、有关专家、世界卫生组织等国际组织和有关国家驻华使馆的代表参加了这场签字仪式。时年七十四岁的著名医学科学家、病毒学家顾方舟教授作为代表在报告上签字。

这不是一场普通的签字仪式,《中国消灭脊髓灰质炎证实报告》的签署,标志着世界卫生组织确认中国本土脊髓灰质炎野病毒的传播已经被阻断,中国正式成为无脊髓灰质炎国家。

签字仪式上,顾方舟教授在《中国消灭脊髓灰质炎证实报告》上郑重地签上了自己的名字,他难掩内心的喜悦，满怀深情地说道："我十分荣幸能有机会参加今天这个庄严的签字仪式。我参与我国消灭'脊灰'的工作已经四十二年了，今天终于看到中国成为Polio-free（无'脊灰'）国家。我内心十分激动。"

四十二年，也就是说，顾方舟从三十二岁开始就投入到消灭"脊灰"的工作中。是什么力量鼓舞着他几乎把半生的时间都奉献到消灭"脊灰"的事业中呢？

对于小读者们来说，"脊髓灰质炎"这个医学名词可能比较陌生。可是，提起它的通俗叫法——"小儿麻痹症"，相信很多人都会闻之色变。这种病症在很长一段时间都是人们挥之不去的梦魇。

小朋友们可能没有直观的印象，如果问问爷爷奶奶或者爸爸妈妈，应该就会了解小儿麻痹症的可怕。小儿麻痹症主要在六岁以下的儿童中传染发作，发病初期通常是发热、咳嗽等普通的症状，随着病情的恶化，腿脚、手臂等会扭曲变形，病毒破坏了脊髓和脊柱神经，导致控制功能失调和各种发育异常的情况。

在疫苗研制出来之前,这些孩子感染疫毒后基本只有两种下场,一种是终身瘫痪,一种是关节异常肿胀,四肢扭曲变形,给患者的身心造成终身伤害。我们现在看到身边六十岁以上腿脚行动不便、拄着拐杖的残疾老人,可能很多就是小儿麻痹症的受害者。

消灭脊髓灰质炎成为世界难题。二十世纪四五十年代,即使当时医学水平已经是世界顶尖的美国,每年仍然有三万多人因患小儿麻痹症而致残。直至一九八八年,全球还有一百二十五个国家报告有脊髓灰质炎的病例,患病人数高达三十五万。新中国成立后,我国也经历过脊髓灰质炎流行性发作,严重影响到广大人民群众特别是少年儿童的身体健康。二十世纪六十年代初期,全国每年报告病例数少则二万,多则四万。

这一个个数字背后是一个个鲜活的生命,本应灿烂如花的童年,却蒙上了可能终身残疾的阴影。面对脊髓灰质炎对人类特别是少年儿童健康的巨大伤害,消灭脊髓灰质炎、降伏小儿麻痹症成为人类共同的期盼。

顾方舟教授是我国消灭"脊灰"事业的领军人物。他矢志奋斗，发明了抗击脊髓灰质炎病毒的疫苗——"糖丸"，终结了横行的病魔。随着"中国消灭脊髓灰质炎证实报告签字仪式"的成功举行，我国已经被世界卫生组织确认为无脊髓灰质炎的国家。

出席完签字仪式的顾方舟教授，当天晚上激动得彻夜未眠。经过四十二年的辛勤付出、不懈努力，终于盼来了这一天，他感到欣慰、激动和自豪，种种往事不禁浮现眼前。

幼年丧父的苦孩子

一九二六年六月,顾方舟出生在上海的一个普通家庭。他的父亲顾国光先生,毕业于著名的东吴大学,在海关工作。在当时的旧中国,大多数人是文盲或半文盲,大学生是非常稀少的,顾国光先生在当时可以称得上是文化素养很高的人。顾方舟的母亲周瑶琴女士是一位教师。

在被称为"东方巴黎"的近代上海,顾方舟出生的家庭,虽然谈不上大富大贵,但也温馨幸福,尤其是父母都具有较高的文化修养,更让这个家庭充溢着浓浓的文化气息。

如果生活总是阳光明媚,那么顾方舟的人生道路应该就是顺利地在上海上小学、中学,以后再考大学。可是,生活中不仅有阳光,还有风风雨雨。

顾方舟四岁的时候,他的父亲在海关检查时不幸染病去世。父亲得的病叫黑热病,病死率比较高。人生真是残酷,在顾方舟仅仅四岁,对生活刚刚开始有了认识和记忆的时候,就永远地失去了父爱,他对父亲的印象也只能永远定格在四岁以前那段短暂的时光。懵懵懂懂的顾方舟,从此再也见不到可敬可亲的父亲了。

除了情感上的无限伤痛,这个不幸的小家庭还不得不面临生活的煎熬。父亲在世时,工作体面,收入不菲,顾方舟家境还不错。可父亲突然撒手人寰,家里的顶梁柱倒了,家庭一下子失去了最主要的经济来源。加上并没有多少积蓄,现在几个孩子全靠母亲一个人的薪水养活,生活的困难可想而知。而且,顾方舟和哥哥顾方乔都到了上学的年龄,上学也是一笔不小的开支。

母亲带着孩子们回到了宁波老家。顾方舟的母亲是一位坚强的女性,她用柔弱的肩膀扛起了生活的重担。每当夜深人静的时候,母亲常常看着孩子们安静地入睡，看到孩子们睡得香甜，母亲的脸上会露出难得的笑容。再苦再累，我都要扛着，一定要让孩子们幸福成长。母亲在心里说着。周围许多好心人劝她改嫁，她都拒绝了，她担心继父对孩子们不好，让孩子们受苦，那是作为一个母亲无论如何都不能接受的。

顾方舟的母亲决定学一门好手艺，能够让自己的孩子无忧无虑地生活。当时，现代助产技术刚刚在国内兴起，助产士在大城市非常稀缺，收入也比较高。正好杭州私立广济助产职业学校招收培养助产士，这所学校在当时很有名气。于是母亲辞去教师工作，下了最大的决心，毅然到杭州学习刚刚兴起的现代助产技术，把年幼的孩子留给他们的外婆照顾。

法国文学家巴尔扎克说过："童年原是一生最美妙的阶段，那时的孩子是一朵花，也是一颗果子，是一片朦朦胧胧的聪明，一种永远不息的活动，一股强烈的欲望。"可是，对顾方舟来说，童年却称不上美妙：他四岁就失去了父亲，父爱对他而言是无比奢侈的；母亲为了家庭生计，又只身去杭州学习，顾方舟很长时间难见母亲一次。

在外婆的悉心照料下，顾方舟上学了。本来憧憬着美好的校园生活能让自己暂时忘却情感上的孤独，但是顾方舟很快发现自己想象得太美好了。

有一次，学校要挑选学生排演一场话剧，顾方舟非常高兴地报了名。

我演什么角色好呢？顾方舟兴奋地在心里盘算着，老师？医生？演医生，妈妈正在学医，还是医生最好。

可是，等到老师分配演员角色时，顾方舟才发现自己演的只是剧中的一个小乞丐，不仅和自己想象的角色差了十万八千里，而且表演时间也很短。看到顾方舟失望的样子，班里有些顽皮的同学取笑他说："顾方舟，你没有爸爸，家里又穷，你演乞丐最合适了。"这些顽皮的孩子说着说着，还发出了轻蔑的笑声。顾方舟的泪水在眼眶里打转，他真想上去打那些同学，但他想起了妈妈，他要像妈妈一样坚强，最终还是松开了攥紧的拳头。

放学后，顾方舟如常地回到了家。他是个懂事的孩子，他知道外婆年纪大了，照顾几个孩子已经很辛苦了，他不想让外婆担心自己，同学们取笑他的事情更是绝对不能告诉外婆。顾方舟没有表现出丝毫不悦，他请外婆把哥哥的旧衣服改成乞丐衣服那种破烂的样子。外婆看到顾方舟热切地期盼着演出，高高兴兴地帮他改起了衣服。

只有顾方舟自己清楚，他的内心是多么悲伤和痛苦。

埋下学医的种子

一九三四年，顾方舟八岁的时候，母亲从杭州私立广济助产职业学校毕业。

当时，随着西医产科技术被引入中国，人们对于西医妇产科学日益认可，对现代助产士的需求迅速增加。当时作为北方大城市的天津经济发展较快，人口大量增长，但是拥有现代西医理念的助产士却极为缺乏，女性分娩还主要依靠传统的接生婆，卫生条件差，因分娩而导致的不幸事件时有发生。

于是，顾方舟的母亲经过慎重考虑，决定去天津执业。母亲带着几个孩子，在英租界挂牌开业，正式成为一名职业助产士。

对于顾方舟来说，从位于浙江宁波的南方小镇来到北方大都市，最高兴的事情就是从此可以和亲爱的妈妈朝夕相处了。一想到这，他就情不自禁地笑起来。对于一个四岁就失去父亲的孩子来说，母爱在他的生命中是无比重要的。

环境的改变也让顾方舟对未来充满了新的希望。在宁波，母亲去杭州学习的日子里，慈祥的外婆不辞辛劳地照料着自己的生活，让他这个"留守儿童"感受到了浓浓的亲情。可是，在学校里，个别老师的偏见、同学的嘲讽，也让他幼小的心灵承受了不少的痛苦。好在随着全家迁居千里之外的天津，人生历程开启了新的一页，那些伤心的往事也都将成为历史。

相比宁波外婆家的小镇，天津要繁华得多。刚到天津的顾方舟，和同龄的孩子一样，对大城市里的许多新鲜玩意儿都充满了好奇。不过，他很快发现，尽管英租界繁荣兴盛，环境整洁，但这些都与中国普通老百姓关系不大。在这里，管理各类事务的高级官员是英国人，甚至驻扎的军人和高级警察都来自英国。中国人虽然在自己的国土上，却处处受英国人管制。

顾方舟虽然只是个孩子，但特殊的成长环境让他比同龄人要懂事得多。他经常看见洋人欺负中国人，而一些本地的地痞流氓，也充当洋人的帮凶，仗势欺人，寻衅滋事，敲诈勒索，让老百姓苦不堪言。每当看到这些，顾方舟心中总是充满怒火。

一天，顾方舟和母亲到商店买东西，刚好碰见两名租界警察来找商店店主收"保护费"，所谓的"保护费"，不过是这些警察给勒索钱财起的一个好听的名字罢了。顾方舟看见店老板小心翼翼地拿出一沓钞票交给趾高气扬的警察，还要赔上笑脸，给他们敬上香烟。蛮横无理的警察走后，母亲看着顾方舟满是愤怒的眼神，长长地叹了一口气，拉着他走出商店，摸着他的头说："孩子，你要好好读书，要争气，要长本事。长大了，你就当医生。只要当了医生，我们谁都不用怕，也不用求谁，还可以给别人治病。"

顾方舟以前也常常想：我们中国人为什么处处受洋人欺负？还不是因为我们处处不如人，什么都要靠洋人？打仗打不过人家，买东西还要买人家造的。只有使中国强大，才能让中国人不再受人欺负。今天，母亲对他说长大学医，则让他第一次开始思考一个具体的问题：为了让中国人不再受欺负，自己应该做些什么？

租界警察勒索中国人的情景还历历在目，顾方舟想起了自己的母亲，虽然她只是一名普通的助产士，但她对工作兢兢业业，一丝不苟，非常能吃苦，赢得了周围很多人的尊敬，这也许就是母亲说"当了医生不用求谁"的原因吧。母亲平时经常教导他们，做人要自立、自爱，要刻苦学习，做一个对社会有用的人，而母亲身体力行，用自己的行动诠释着这些教导的真谛。

母亲对顾方舟说的话，也许他当时还不能完全明白其中的含义，但母亲的话像黑暗中的一盏灯，让他对未来的人生方向开始有了初步的设想。从此，当医生的理想在顾方舟的心里生根发芽，他平时学习也有了更清晰的奋斗目标。

埋下学医的种子

不做亡国奴

顾方舟的童年是不幸的,因为他四岁时就失去了父亲,但是,他的人生又是非常幸运的,因为他有一位伟大的母亲。母亲不仅独自辛辛苦苦抚养他们这几个孩子,更身体力行地传授他们做人的道理,帮助他们树立人生的理想,成为对社会有用的人。

一九三八年,顾方舟小学毕业后,母亲为了让他和他大哥顾方乔尽快养成独立生活的习惯,没有把他们留在天津自己身边读书,而是送他和大哥到位于河北省昌黎县的汇文中学读初中。

顾方舟从小失去父亲,母亲是他最亲近的人,他对母亲的依赖要比大多数孩子深得多。此前有几年，母亲在杭州学习助产术，外婆照料他，他就非常想念母亲。作为一个年仅十二岁的孩子，他多么希望能多待在母亲身边，听她讲讲故事，和她说说话……但是，当他得知母亲送他去汇文中学的目的后，也就默默地接受了母亲的决定。

汇文中学位于河北省昌黎县，学校的英文教学水平很高，而且学校经费充裕，聘请的师资比一般学校要好得多，学校的教育教学质量很高，被誉为"津东第一校"。

人们常说，中学时代是人这一生中最重要的时期，一个人的人生观、价值观、世界观和性格基本上都是在这一时期形成并逐渐定型的。对于顾方舟而言，特殊的时代背景对他的人生理想的确立产生了重要的影响。在顾方舟成为中学生的前一年，日本帝国主义制造了"卢沟桥事变"，悍然发动全面侵华战争，很快华北沦陷，华南告急……顾方舟和亿万同胞一样，开始了屈辱的生活。

日寇在华北大地上的恶行，带给中国人民无尽的苦难。相比以前英租界的外国人对中国人的敲诈勒索，日寇要残暴得多，他们占领英租界后，设置关卡，看来往的中国人稍不顺眼就打骂罚跪，人民受尽了欺凌。

顾方舟的哥哥顾方乔，在学校里是成绩优异的尖子生，每次考试不是第一就是第二。顾方舟的学业成绩并不是十分突出，他更喜欢体育项目，篮球场、网球场上经常能看到他的身影。在汇文中学，顾方舟的体育老师给他留下了深刻的印象。当时，在日本帝国主义的影响下，学校里的气氛非常紧张，师生们对日寇的暴行都是敢怒不敢言。体育老师在课上经常对同学们说："如果大家以后想有出息，就不能不重视体育课，因为只有体育好，才能有强健的体魄，才能有所作为。"

在那段困难的日子里，大家都明白体育老师这些话的弦外之音。在沦陷区的苦闷环境下，体育老师当然不能在课堂上直接告诉大家"锻炼身体，打倒日本帝国主义"。师生们都心照不宣：如果不想"挨打"，就必须强身健体。

转眼初中三年过去，顾方舟到了要读高中的时候。已经帮助顾方舟立下学医志向的母亲，希望顾方舟高中毕业后能考上燕京大学的医预科。

二十世纪三十年代，燕京大学的医预科是一块非常耀眼的金字招牌。根据协和医学院与燕京大学签订的合作培养协议，燕京大学的医预生如果三年各门功课的学习成绩全部合格，再取得系主任的推荐信，就可以免试进入协和医学院读书。而一般的学生想要进入协和医学院，必须参加协和医学院举办的全国医预生统一招考。由于燕京大学医预生成绩突出，功底扎实，医预生逐渐占到协和医学院每年招生总数的三分之二。可以说，如果考进燕京大学的医预科，就基本上拿到了协和医学院的"入场券"。

顾方舟的母亲对孩子的未来有清晰的规划，她让顾方舟报考燕京大学附属中学，这样将来考取燕京大学也会更有把握。顾方舟很争气，顺利考取燕大附中，让母亲非常欣慰。

但是，日本的侵略打乱了顾方舟的人生规划。他在燕大附中读了三个多月，日本偷袭珍珠港，美国对日宣战，日军关闭了燕京大学，燕大附中也不能幸免。顾方舟不得不回到天津，考取天津工商学院附属中学。

工商附中以教学风格独特、教学管理严谨而著称，学校号称有"三宗宝"：记过、得零和星期考。其中以星期考最具特色，星期考是一项教学制度，要求学生每星期都要考一门功课，通常选择在星期一的第一节课考试，但是考试科目并不事先通知，目的就是督促学生经常复习，扎扎实实地学好各门功课。记过、得零则是针对考试纪律的制度——每次考试，除老师现场严格监考外，学校还组织有经验的教务人员到各个考场巡视，随机进入考场检查。倘若哪个学生作弊被老师发现，学校当即会贴出布告："某年某月某日，某班某某考试作弊，记过得零。"被记过得零的考生自然羞愧难当，所以工商附中学风扎实，学生学习刻苦。

在这样的环境下，顾方舟学习的热情越来越高。他本来就对日本帝国主义的侵略欺凌充满怒火，强烈的痛苦和屈辱激发他努力读书，像母亲期望的那样，"长本事，不求人"。在工商附中，顾方舟努力学习，成绩日益突出，距离他成为医生的梦想越来越近。

求学北大

一九四四年,顾方舟高中毕业后以优异的成绩考入北京大学医学院攻读医学。大学是知识的殿堂,是实现理想的圣地,从母亲谆谆教导"要学医",到走进大学校园,顾方舟的人生迎来了一次关键的跨越。

顾方舟走上学医的道路,除了母亲的影响,也与他自身的经历密切相关。他四岁的时候父亲就离开了他,他对父亲几乎没有什么深刻的印象。母亲曾说过,父亲当年是在工作中感染了黑热病,这是一种危害很大的传染病。顾方舟从小就体会到了亲人因为疾病离世的痛苦,所以要减少这种痛苦——不仅为自己,更是为他人,没有什么比救死扶伤的医生更合适的职业了。

北京大学医学院的前身是国立北京医学专门学校，创建于一九一二年十月，也是中国政府依靠自己的力量开办的第一所专门传授西方医学的国立医学校。一九三七年七月，抗日战争全面爆发，日军占领北京（当时称为北平），部分医学院师生随同北京其他高校西迁，继续留在北京的医学院院务则完全停顿。一九三八年一月，日本帝国主义幕后操纵的"临时政府教育部"将原北京大学和北平大学合并办起"国立北京大学"，医学院为下设的六个学院之一。一九四一年太平洋战争爆发，日军占领协和医学院，协和医学院被迫关闭，大批协和的教授加入"国立北京大学"医学院。北大医学院承接了协和医学院的教学科研力量，实力更加突出。

一般大学学制为四年，北大医学院学制为六年，这是学习借鉴了协和医学院八年制的培养模式。北大医学院尤为重视让学生打下坚实的学科基础，在北大医学院附属医院设有基础部，解剖、病理、生理、公共卫生等基础性科目都是在医院基础部上课学习。

如果把整个医学学科比作一座高楼大厦，那解剖学就是这座大厦的地基，是整个医学学科体系的基础性科目。但是，解剖学内容繁多复杂，学生普遍反映这门课程很难学。顾方舟刚接触解剖学的时候就非常发怵，上第一节课的时候，他第一次见到颅骨，感到很害怕。

更让人害怕的事情还在后面。解剖课上，四个人分为一组，要解剖一具尸体——从肌肉、血管到神经，每一个人体组织都要解剖。更为重要的是，在解剖的过程中人体各个骨骼构造等方面的知识都要掌握。比如，人体颅骨由二十三块骨头组成，其中脑颅骨有八块，每个骨骼都有不同的名称和相应的医学机能，此外还有颅骨内的各个孔洞、管道、间隙等，这些通通都要掌握。

随着学习的深入，顾方舟逐渐克服了对人体解剖的恐惧感。为了深入掌握解剖学知识，他不满足于课堂上的学习，还从学校标本室借来颅骨标本，晚上休息前就在床上对着标本学习骨骼结构，加深对解剖知识的掌握：这是枕骨，那是蝶骨……经常晚上学习累了，就直接抱着颅骨标本睡着了。

正是靠着这种努力拼搏的劲头，顾方舟学习的兴趣越来越强烈，解剖学这门在大多数医学生眼里非常枯燥、难学的科目，在他看来却越来越有趣。心脏、肝脏、肺在人体什么部位……年轻的顾方舟就像找到了打开人体迷宫的钥匙，在学习中获得了无穷乐趣。一九四五年八月，日本帝国主义宣布无条件投降，中国人民取得了艰苦卓绝的抗日战争的伟大胜利。和亿万身处沦陷区的同胞一样，顾方舟遭受了太久的屈辱，终于迎来了这一期盼已久的胜利。阴霾散去，晴空万里，此刻他所在的北大医学院也迎来了新生。

一九四六年七月，抗战中迁移到昆明，与清华大学和南开大学组成西南联合大学的北京大学在北京复校。在开学典礼上，新任校长胡适先生自豪地说："医学院的老师都由全国最好的人才担任。"

胡适先生所言不虚。当时北大医学院新聘师资中云集了一大批大师名师，代表了当时中国医学界的最高水平，很多人后来都成为医学界泰斗，如中国医学组织学的奠基人马文昭，中国妇产科学的开拓者和奠基人、中国科学院第一位女学部委员林巧稚，曾任中华医学会会长的著名流行病学和公共卫生学专家林宗扬等。

在拥有当时国内最好师资和教学科研设备的北大医学院就读，顾方舟如鱼得水。他本来就是勤奋刻苦、成绩优异的学生，最优秀的学生遇上最优秀的老师，顾方舟的学业水平突飞猛进，攻克了一个又一个学习道路上的堡垒。

转眼大学时光即将结束，临近毕业，同学们聚在一起，畅想各自未来想从事的事业，有人问顾方舟："方舟，你毕业后打算干什么？"还没等顾方舟回答，旁边的一个同学就抢先替他回答了："顾方舟心灵手巧，做外科医生一定没问题。"外科医生这一职业对从业者的医学知识、动手能力乃至情商等各方面素质都有很高的要求，同学的这一回答也从侧面表明，顾方舟通过北大医学院六年的学习，已经具备了非常扎实的医学功底。

从大学生到共产党员

童年时代的顾方舟,和母亲生活在天津英租界,亲眼看见了作为"二等公民"的中国人受到洋人的欺压而无处伸张正义。在他读小学的时候,日本帝国主义发动全面侵华战争,他切身体会到沦陷区国人的屈辱。这些痛苦的人生经历,就像注入他肌体的基因般无法被忘却,时时提醒他思考一个问题:如何才能让中国真正强大起来,让别人不敢欺负中国人?

顾方舟刚入读北京大学医学院的时候,日本帝国主义占领了华北。

不久,思想进步的顾方舟参加了中国共产党在北大医学院的地下党组织开展的学习活动。顾方舟和志同道合的同学一起阅读进步书籍，学习讨论共产主义思想。

一天，北大医学院的一位同学找到顾方舟，对他说："小顾，你考虑不考虑加入我们共产党？"那时还是国民党统治时期，顾方舟因为已经参加了中国共产党地下党组织的活动，具有一定的保密意识，所以对这位同学的问话非常警觉。顾方舟并不了解对方的真实身份，也许对方是国民党的"职业学生"，正在试探自己的政治倾向。想到这些，顾方舟很警惕地说："你别提这事！"就立刻告辞了。

顾方舟的警觉是有原因的。当时日本帝国主义刚刚投降，此前战略转移到国统区的地下党组织返回北京，称为"南系"，同时一直留在北京继续战斗的地下党组织称为"北系"，双方彼此并无联系。在复杂的政治形势下，顾方舟必须保持足够的谨慎。

尽管形势复杂，顾方舟追求思想进步的意志却非常坚定。讲授微生物学课程的方亮教授是中共地下党员，暑假的时候带领同学们到北京的郊区为老百姓义诊。到了晚上，方亮教授组织同学们一起学习马克思主义哲学家艾思奇的《大众哲学》等作品。就是在这些学习的场合，顾方舟第一次知道了"人生观""世界观"这些名词。

"人活着为了什么？人的一生应该怎样度过？"顾方舟开始认真思考这些问题。以前，母亲教导他要学医，因为学了医就不用求人，还能救人。顾方舟牢记母亲的话，考进了北大医学院，走上了学医的道路。可是，现在他逐渐发现，这些想法只是很朴素的认识，难以回答他多年来思考的问题，那就是如何让国家强大起来，让中国人不再受欺负。

当时，抗日战争已经胜利，亿万同胞都满怀希望，憧憬着安宁、幸福的生活，可是，等待他们的却是一个又一个的失望。顾方舟虽然置身象牙塔，但是也经常听到各种令人心寒的消息。日本人走了，国民党派来的政府大员想得最多的是票子，贪污事件时有发生，国民党对国统区老百姓无情搜刮，老百姓怨声载道。

这次随方亮教授给老百姓义诊，顾方舟亲眼

看到老百姓的苦难生活，乡亲们困苦的生活场景时时萦绕在他的脑海里，挥之不去。他在想，英租界里被洋人欺负的普通中国人，被日本守军任意欺凌侮辱的老百姓，现在被国民党贪官污吏压榨的人们，本质上还不是一样吗？还不是总是受别人欺负？只不过这个"别人"要么是洋人、日本人，要么是国民党反动派。究竟应该怎么办才能让老百姓不受人欺负呢？

顾方舟苦苦地思索着这个问题的答案。他积极参加方亮教授组织的学习讨论活动，如饥似渴地阅读各种进步书籍和资料，像毛泽东的《论联合政府》《目前形势和我们的任务》以及中共七大报告等。在阅读、思考和讨论中，他逐渐意识到，只有中国共产党是全心全意为人民的政党，只有追随中国共产党的路线，才能让中国人民真正站起来，才能让中国老百姓真正不受任何人欺负。

犹如迷茫中找到前行的方向，顾方舟的思绪豁然开朗，思想也日益进步。当地下党组织辗转找到顾方舟，询问他愿不愿意加入中国共产党时,他毫不犹豫地表达了入党的意愿,并最终成为一名光荣的中国共产党党员。

对顾方舟而言,北大医学院是人生的圣地。在这里,他不仅打牢了医学知识的根基,更为重要的是,他在这里找到了思考多年的难题的答案,找准了为之奋斗终生的方向,也让自己未来的人生更加出彩。

"我要献身公共卫生事业"

临近毕业，在北大医学院的同学聚会上，大家热切地交流着毕业后的打算，憧憬着美好的未来。顾方舟专业扎实、心灵手巧，大家都认为他是做外科医生的不二人选。外科医生待遇好，选择做外科医生，对顾方舟来说再合适不过了。

"我要献身公共卫生事业。"当顾方舟用平静而又坚定的语气说出这句话时，周围的同学们都有些惊讶。

医学学科内容广泛，除了外科、内科这些我们日常生活中经常接触的针对个体的医疗，还包括影响更为广泛的公共卫生事业。公共卫生涉及一个地区或国家甚至全世界的大众健康，具体包括重大疾病，尤其是传染病的预防、监控和治疗，对食品、药品、公共环境卫生的监督，以及相关的卫生宣传、健康教育、免疫接种等。

顾方舟决定投身公共卫生事业，并不是他一时兴起的仓促决定，而是长期思考后做出的重大决定。北大医学院群英荟萃，顾方舟在这里得到了医学界顶尖学者的指导，其中公共卫生专家严镜清教授对他的这个选择有着极为重要的影响。

严镜清教授早年毕业于协和医学院，后赴美留学，获哈佛大学公共卫生硕士学位。严镜清教授认为临床医学虽然对患者有益，但社会效益不大。当时的中国内忧外患、积贫积弱，广大民众遭受战乱、瘟疫、疾病折磨，生存环境恶劣，平均预期寿命不仅远远低于美国、英国等西方国家，甚至比邻国日本还低。在课堂上，严教授还讲到了当时我国落后的公共卫生条件，比如，不少煤矿的矿工们下井挖煤时都是衣不蔽体，简直和古代的奴隶一样，如果不幸病亡，就被黑心的资本家扔到万人坑里……许多同学都是第一次听说如此凄惨的事情，一些女生在听后甚至抽泣起来。

严镜清教授认为要迅速改变这种状况，国家就必须要更加重视预防医学，也就是在全社会大力发展公共卫生事业，提高全民族整体健康水平，这是医学界最为紧迫、最为重要的事业。

严镜清教授在课堂上讲授的这些观点深深地震撼了顾方舟的心灵。在昌黎汇文中学读书的时候，顾方舟的体育老师经常说："只有拥有强健的体魄，才能有所作为。"个人是这样，全民族也是如此，要让中华民族屹立于世界民族之林，全民族必须首先拥有健康的体魄。

顾方舟的母亲曾经做过助产士，所以顾方舟对当时产妇和婴幼儿死亡率高的情况也多有耳闻。在严镜清教授的教导下，顾方舟逐渐认识到当时的中国在妇幼卫生、工业卫生、学校卫生、营养卫生等方面的落后状况，他意识到公共卫生是一个涵盖范围广的医学领域，更是一片必须投入巨大精力、迅速迎头赶上的广阔天地。

严镜清教授是一位思想进步的教授，他在讲授公共卫生课程时总是饱含深情。公共卫生事业直接关系着大众健康，必须贴近社会。投身公共卫生事业，除了要具备相关医学知识，更要充满博爱之心，这些话都深深地感染着顾方舟。

后来，顾方舟在北京郊区为老百姓义诊时，近距离观察了普通老百姓的卫生环境。劳动人民恶劣的卫生条件、贫苦的经济状况让他更加坚定了献身公共卫生事业的决心，也让他明白了，推进公共卫生事业绝不能脱离特定的经济社会环境。这些经历对他后来的研究具有深远的影响。

顾方舟的母亲启发他走上学医的道路，母亲希望他长大后能做一名临床医生。而在北大医学院求学时，以严镜清教授为代表的公共卫生专家们的教导，共产主义进步思想的指引，旧中国特殊的社会环境等因素让顾方舟日渐意识到：当一名临床医生固然能救治很多人，可从事公共卫生事业却可以让千百万人受益。

因此，大学毕业时，他没有按母亲希望的那样，选择做一名外科医生，而是毅然决然地选择了流行病学和微生物学研究，走上了防治传染病的公共卫生道路。

留学苏联

一九五〇年，顾方舟大学毕业，被分配到大连卫生研究所工作。大连卫生研究所主要从事预防传染病的各种疫苗的研究工作，顾方舟具体负责噬菌体研究，通俗的说法就是研究吞噬细菌的病毒。

当时，中华人民共和国刚刚成立不久，以美国为首的西方资本主义阵营对新中国采取围堵策略，新中国对外联系交流主要限于苏联和东欧、亚洲的社会主义国家。在大连卫生研究所，当时有位苏联专家，顾方舟很想跟他学习，但这位专家不懂中文。为了便于沟通学习，顾方舟学起了俄文。苏联专家带来一本关于生物制品生产与制造的俄文版专著，顾方舟急切想学习这本专著，但俄语学起来太慢，这可怎么办？情急之下，顾方舟买来一本《俄英大词典》。顾方舟懂英文，苏联专家也懂些英文，于是顾方舟先把俄文专著翻译成英文，不懂的内容再去请教专家。苏联专家疑惑地问顾方舟："你懂俄文？"顾方舟摇摇头说："我不会俄文，但我有俄英词典，我会英文。"苏联专家知晓了顾方舟辗转翻译的过程，对他的好学精神大为钦佩。

不久，顾方舟就不需要借助词典学习苏联先进的医学技术了。顾方舟到大连卫生研究所工作不久，朝鲜战争爆发。为了保家卫国，中国人民志愿军赴朝鲜作战，抗美援朝。志愿军将士风餐露宿，后勤补给严重不足，恶劣的生活条件导致志愿军部队中痢疾流行，严重影响了部队的战斗力。

顾方舟从事噬菌体研究，得知志愿军部队中痢疾流行，有的战士被折磨得近乎虚脱，在战场上端着机枪都直喘气，他寝食难安。顾方舟心想：医务工作者的天职就是救死扶伤，何况现在遭受病魔困扰的是志愿军战士,自己怎么能够置身事外?在强烈的使命感和责任感召唤下,顾方舟主动请缨,向组织提出到前线救治英勇的志愿军战士的请求。

经批准后,顾方舟火速奔赴前线,为患病战士精心配制药品。战场上生活条件非常艰苦,无论饮食还是居住环境,和大连比起来都是天壤之别,可是,顾方舟没有丝毫怨言。他对待战士们就如同自己的亲人一样。看到战士们患上痢疾,受尽煎熬,他心如刀割;当看到患病的战士用药后体能渐渐恢复,他的脸上也会露出难得的笑容。战士们也都非常喜欢这个新来的"医学专家"。

顾方舟在战场上救治伤员仅仅一个月后的一天,他收到一封大连卫生研究所发来的加急电报,电报上只有四个字:速回大连。那时候通信技术还非常落后,顾方舟心急如焚,不知道研究所究竟发生了什么事,只能一切听从组织的安排。他向部队说明了情况,连火车票也来不及买,就跳上一列开向大连的货运列车,怀着焦急的心情匆匆奔回大连。

回到大连卫生研究所，顾方舟才知道是国家决定选派他去苏联留学。

苏联是新中国当时能够对外学习的主要国家，国家决定选派三百七十五名科技人员赴苏联留学，其中医学学科有三十人，顾方舟是其中之一。当顾方舟得知这个消息后，他非常兴奋，因为能去苏联学习是多少青年学子梦寐以求的事情，而且全国那么多医务工作者，只选拔三十人，竞争激烈程度可想而知。

顾方舟被选派到苏联留学的消息在大连卫生研究所引起了巨大轰动，特别是给青年科研人员和研究生以极大的鼓舞。研究所的青年学子们基本上都树立了三个奋斗目标：第一，思想进步，加入中国共产党；第二，努力学习，考试成绩优秀；第三，以顾方舟为榜样，争取到苏联学习。

出国前，敬爱的周恩来总理百忙中抽出时间，在北京饭店宴请三百七十五位留学生。席间，周总理关切地询问顾方舟现在医学研究发展如何。见到周总理，顾方舟激动得忘掉了周总理和自己当时具体都谈了什么,但他有一种强烈的信念,那就是自己作为新中国派出的第一批留学生中的一员赴苏联学习,身上的责任重大,绝不能给中国丢脸。

异国生活

一九五一年八月十三日,顾方舟等三百七十五位中国留学生在北京火车站踏上了开往莫斯科的直达专列。

北京火车站的站台上,人头攒动,这些即将奔赴苏联学习的青年英才,正与家人、朋友依依话别。离别的场景总是少不了伤感,相隔万里,想起再见也许要等一年甚至几年,有人声音哽咽,眼睛湿润,也有人似乎有千言万语,但又不能在火车开动前这短暂的时间都讲出来。

五天前,顾方舟刚刚和认识多年的同学李以莞结婚。没有盛大的婚礼,也没有新婚的蜜月,一对志同道合的年轻人决定携手并肩前行。在两人拍摄的结婚照背面,顾方舟郑重地写下了自己的爱情誓言:"我们要在祖国的伟大建设工作中培养我们的爱情。"

没有浪漫的蜜月,顾方舟就告别妻子,踏上赴苏联学习的新征程。对他而言,两情相悦的爱情是从属于伟大祖国的建设事业的。因此,纵有万般不舍,他还是憧憬能在苏联学习先进的医学技术,报效祖国,为提高人民健康水平做贡献。

随着汽笛的一声长鸣,列车徐徐开动,月台上妻子的身影渐渐远去。虽然顾方舟不是一个天性浪漫、善于表达感情的人,但泪水也禁不住朦胧了双眼,妻子在月台上向自己挥手的场景久久地浮现在他的脑海里……

第一年的留学生活是最苦闷的,刚到苏联,既不会说也听不懂俄语,饮食也很少有适合中国人胃口的食物,这对于一般人来说都是不小的挑战。但顾方舟刻苦努力,并且有扎实的英文功底,学习第二外语要相对轻松一些,第一年他就顺利通过了语言考试;至于饮食等方面,因为能吃苦忍耐,倒也不是什么大问题。

顾方舟中学时代就爱好体育、文艺，留学期间，他成了同学们眼中多才多艺的好榜样。他们刚到苏联不久，就迎来了新中国成立两周年国庆，莫斯科大学学生会在学校大礼堂举行盛大的庆祝晚会。顾方舟和留学生同学早早地来到礼堂，等待欣赏精彩的文艺节目。就在晚会正式开场前，学生会组织负责人突然提出来："我们为中国国庆举办晚会，怎么主持人没有一个中国人？快找一位中国留学生作为晚会主持人。"听到这个安排，在场的中国留学生都不约而同地想到了顾方舟。"让顾方舟做主持人！"好几位同学喊道。

对于做晚会主持人，顾方舟没有丝毫的心理准备，但是他一点儿也不怯场。他稍微整理了一下思绪，心想：苏联同学热心举办新中国国庆晚会，邀请一位中国同学做主持人，如果大家都不踊跃，总不能让晚会冷场吧？当主持人有什么难的，不就是照着节目单念念台词吗？就是在这种自我鼓励下，顾方舟第一次担任晚会节目主持人，而且是在异国苏联，用俄语主持。尽管没有任何主持节目的经验，但是台上的顾方舟落落大方，举止得体，颇有专业主持人的风范。

晚会结束后，大家都称赞节目主持得非常成功，尤其是当许多苏联朋友得知顾方舟是一位刚到苏联没多久的中国留学生时，更是惊讶不已，连连表示"不容易，不容易"。顾方舟的俄语老师当时也在晚会现场，听到大家夸赞自己的学生，脸上乐开了花。之后，留学生们举办大型活动选主持人，大家第一个想到的就是那位"主持国庆晚会的小顾"。

第一年的学习就要结束了，顾方舟非常期盼假期的到来，因为按照留学生学习计划，第一年学习结束就可以回国探亲，他就能与母亲和妻子团聚了。一年来，顾方舟和母亲、妻子只能靠书信往来保持联系，一封封家书凝结着他对家人的思念。

临近假期，中国驻苏联大使馆向留学生们发出指示，提出大家到苏联留学，不仅要学习先进的科学知识，还要与苏联人民深入接触，加深两国人民的感情交流。因此，顾方舟这批留学生假期就不要回国探亲了，由大使馆安排大家到苏联各地的集体农庄、工厂等参观，并访问苏联普通民众家庭。

得知这个消息，顾方舟和其他人一样有些失落。异国生活的孤寂，对母亲、妻子的牵挂，让他真想立刻飞到亲人的身边。但是，顾方舟是一个组织观念非常强的人，他很快就理解了大使馆的决定，把对亲人的无限思念埋藏在心底，按照组织的安排，高高兴兴地来到了一家休养所参加假期实践交流活动。

顾方舟在这里接触到了许多苏联普通百姓。顾方舟和前来休养的苏联老百姓聊天，介绍各自国家的风土人情，叙说生活中的趣事，他深深地感受到两国人民"同志加兄弟"的深情厚谊。

在交流中，顾方舟对苏联有了更全面的认识，苏联人的开朗、热情给他留下了深刻的印象。苏联对科技发展尤为重视，当时的科技体系在很多方面已经展现出与美国并驾齐驱的发展势头。

置身世界前沿的科技环境，顾方舟暗暗发誓，一定要学习到先进的医学技术，将来建设我们伟大的祖国。

戴上博士帽

顾方舟非常珍惜赴苏联留学的机会。

尽管当时国家经济困难,在他们出国前,国家还是为每位留学生置办了全套装备。留学生在苏联学习期间,国家还为他们发放奖学金,让他们能够衣食无忧、心无旁骛地学习。为了不辜负党和国家对自己的深厚恩情,顾方舟憋足了劲,好好学习。尽管留学期间不能回国探亲,他也没有任何怨言,对他而言,努力学习、报效祖国永远是第一位的。

过了语言关,顾方舟在苏联医学科学院病毒研究所开始了研究生的学习生活。苏联医学科学院是苏联最高医学研究机构,顾方舟的研究生导师是苏联著名的病毒学家丘马可夫教授。

研究生学习需要围绕特定的方向进行深入研究，顾方舟选择了病毒研究方向，以乙型脑炎作为研究题目。要在这个问题上研究出成果，首先必须对学术界在这一领域的研究现状有全面的了解。牛顿有一句名言："如果我看得比别人更远些，是因为我站在巨人的肩膀上。"这句话用来形容科学研究最恰当不过了，因为科学研究就是要创造新知，只有对前人的研究成果充分把握，才有助于取得新的发现。

顾方舟开始搜集和整理当时关于乙型脑炎的所有研究成果。他每个星期都要到图书馆查阅文献，图书馆查阅资料的人很多，有时候去了没有座位，他就站着查找和阅读。那时也没有计算机，找到相关文献，顾方舟都会将其实验情况和得出的主要结论详细地记录下来。

文献查找分析仅仅是研究的第一步。在大量文献分析的基础上，顾方舟对乙型脑炎的研究现状有了全面的了解，撰写了详尽的论文文献综述，并且找到了乙型脑炎研究需要突破的新

戴上博士帽

方向。

顾方舟每天想的都是乙型脑炎，从病毒的特性到病毒的结构，从病毒的活动规律到作用方式……做实验，查资料，日复一日，年复一年，经过充分细致地思考论证，顾方舟提出了乙型脑炎发病的新机理，即病毒侵犯大脑和脊髓，引起病变。

顾方舟的论断是否正确呢？这需要科学实验的验证。在他进行答辩前，一些专家学者对顾方舟的新发现并不理解，因为这和医学界以前的认识不太一致。真理越辩越明，通过大量实验，顾方舟用科学事实有力地支持了自己的发现，并且顺利通过博士论文答辩，获得副博士学位。需要说明的是，在苏联教育体制下的副博士学位，其实就相当于欧美国家以及我国的博士学位。

四年的苏联留学生活，顾方舟经历了严格正规的科学学术训练，用他的话说就是"才懂得了什么叫科学研究"。出国前，顾方舟只知道去苏联是学习，是做研究生，但是具体要学习什么、怎么学习，他心里并没有清晰的认识。经过在苏联留学的锤炼，顾方舟对科学研究的路径有了更全面、直观的认识。

如果说北大医学院的学习为顾方舟从事公共卫生研究打下了坚实的基础，在当时处于世界顶尖水平的苏联医学科学院病毒研究所学习的四年，则让他具有了学者深厚的科研素养，为他攀登科学高峰注入了一股强大的力量。

初识"脊灰"

一九五五年九月,顾方舟结束了在苏联的四年留学生活,回到了他朝思暮想的祖国。

四年前的八月十三日,顾方舟与刚刚结婚没几天的妻子话别,踏上了奔赴苏联学习的征程。在苏联的四年时间,他全身心地投入到学业中,中间一次也没有回国探亲。他想念亲人,但他也珍惜在苏联学习的机会,只好把对祖国无限的眷恋,对母亲、妻子深深的思念埋藏在心底。

这四年也是新中国公共卫生事业艰难起步和发展的重要时期。新中国成立后,国家一穷二白,百废待兴,党和政府高度重视亿万人民的卫生健康,在财力有限的情况下,投入相关资源,积极预防和消灭各类疾病。一九五二年,国家成立了中央防疫委员会,同时,规模空前的"爱国卫生运动"在全国各地轰轰烈烈地开展起来。到一九五三年年初,国家批准在各省、自治区、直辖市普遍建立卫生防疫站,形成了基本覆盖全国的公共卫生服务体系,这在旧中国是难以想象的。

当时顾方舟还在万里之外的苏联学习,他一直关注着新中国前进的步伐。当看到国家对公共卫生事业日益重视,全国的卫生工作正呈现崭新的发展面貌时,顾方舟难掩内心的激动和喜悦,因为他切身感受过旧中国公共卫生的落后状况。他满怀憧憬,摩拳擦掌,期待着完成在苏联的学业后就立即回到祖国的怀抱,为新中国的公共卫生事业贡献自己的全部力量。

顾方舟学成归国后,被分配到位于北京昌平的流行病学研究所工作。研究所是原卫生部直属的国家级传染病科研机构,主要任务是对全国范围内发生的烈性传染病进行调查分析,并采取预防应对措施。当时,正值新中国公共卫生事业开创发展的关键时期，流行病学研究所为顾方舟提供了一个大有可为的广阔舞台，该是他大显身手的时候了。

二十世纪五十年代初乙型脑炎在国内发病率较高，每年都有一些大大小小的流行，但是一直没有研制出效果非常理想的疫苗。顾方舟留学时以乙型脑炎为研究方向，所以，他到流行病学研究所工作后，主要任务就是开展乙型脑炎的相关研究。

"脊灰"的暴发，也是在二十世纪五十年代。

一九五五年，江苏南通暴发了脊髓灰质炎大流行，一千六百多人染病，大多为儿童，四百多人死亡。孩子们没有得到很好的免疫，病毒在非流行年积累，积累到一定的时候就暴发了疫病。此后，脊髓灰质炎在上海、南宁、青岛等多地流行。一时间，全国百姓闻之色变，许多疫区居民即使"三伏"大热天，都不敢开窗户，也不让孩子出去，怕受到病毒传染。

这场严重的疫情也深刻地影响了顾方舟的人生轨迹。有一天，一位家长带着孩子辗转来到研究所找到顾方舟。孩子不幸患上了脊髓灰质炎，身体已经瘫痪，家长近乎哀求地对顾方舟说："顾大夫，拜托你治好我的孩子。我们去了好几家医院，都说孩子落下残疾，以后就不能正常走路了。孩子还小，长大后还要建设我们的国家呢！以后可怎么办？"

顾方舟非常能够理解家长的心情，他诚恳地对那位家长说："同志，非常抱歉，我们目前还没有找到治愈这个病的好办法。"

那位家长的眼神立刻黯淡了下来，瘫坐在走廊的长椅上。孩子不能正常行走是万分痛苦的事情，而家长听到自己答复后那失落的眼神更是长久地萦绕在顾方舟的脑海里，让他的心头涌上一股巨大的无助感。顾方舟后来从清洁工师傅那里了解到，这位家长在单位呆坐到很晚才离开。这是顾方舟踏进医学的殿堂以来从未感受过的触动，他的心情久久不能平静。

其实顾方舟所言的确是事实，当时不仅百废待举的新中国对脊髓灰质炎没有什么好的医治办法，就算医学技术处于世界领先水平的美国、苏

初识"脊灰"

联等国家也是如此。

刚刚经历了这一幕,再联想到当时全国多地暴发的"脊灰"疫情的巨大危害,顾方舟不禁问自己:"到底怎样才能彻底消灭脊髓灰质炎?"

他深知,当初放弃成为临床医师,毅然投身公共卫生事业的初衷就是要让千千万万的人受益。如果说旧中国连年战乱,导致人民流离失所、瘟疫肆虐,现在已经是新中国了,社会安定,必须让老百姓健康、幸福地生活,这是医务工作者义不容辞的责任。想到这些,顾方舟不愿也不能用当前医学发展水平作为托词,不管有多么困难,他都要为消灭脊髓灰质炎贡献自己的力量。

当然,顾方舟也知道,留学苏联时他的研究方向是乙型脑炎发病机理,对"脊灰"虽有关注和了解,但是并没有深入研究。现在突然要进入一个并不熟悉的专业领域,肯定会遇到各种各样的难题。

顾方舟又想起在苏联留学时,面对语言、生活、专业学习这些方面的困难,最终自己不都克服了吗？人生不就是克服各种各样困难的历程吗？正如李大钊所说的："青年之字典，无'困难'之字；青年之口头，无'障碍'之语。"

医务工作者的人生字典里就没有"困难"二字。肩负这样崇高的使命和责任，顾方舟迅速投入到消灭"脊灰"的战斗中。

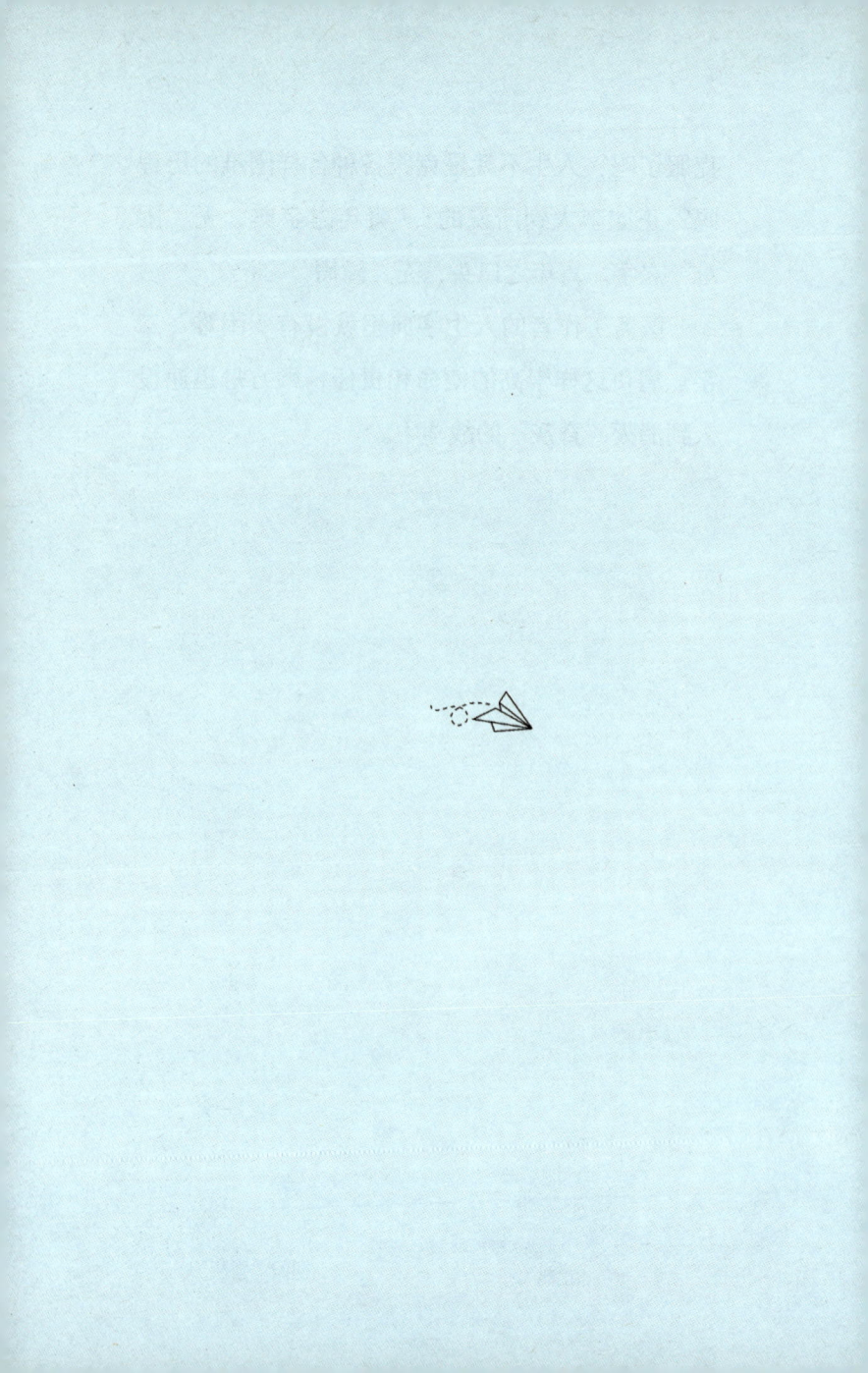

"一辈子都做这项工作"

横行肆虐的"脊灰"疫情,就如一道无声的命令,让顾方舟立刻行动起来。

物格无别,道通为一。流行性病毒研究在某些方面具有共通性,这为顾方舟介入脊髓灰质炎研究提供了一定的基础。在苏联留学期间,他学习掌握了当时生物学前沿的组织培养技术。依靠组织培养技术,就能在体外培养细胞,进而对病毒进行鉴别和深入研究,这是病毒研究的重要基础性工作。

顾方舟带领团队,针对江苏南通和上海的"脊灰"病情,着手培养和鉴别"脊灰"病毒,以掌握病毒的特征,为后续研制疫苗做准备。

病毒的组织培养，说起来非常轻松，实际操作起来难度很大，尤其是顾方舟在开展"脊灰"病毒研究的时候，我国科学研究的环境还非常落后，研究工作中要克服许多意想不到的困难。

例如，病毒的组织培养需要牛的血清，即从牛的血液里分离出血清注入培养液中培养细胞。在发达国家，牛血清已经商品化，可以很容易地从市场采购到。而且，实验室用的血清必须来自小牛或者胎牛的血，国外的通常做法是杀掉正在怀孕的母牛，取出胎牛采血，等于为了采集血清同时杀掉母牛和小牛。

我国当时没有专门的血清销售点，顾方舟只好就地取材，带着实验室工作人员，到昌平附近的屠宰场去采集牛血。同时，从节约成本角度考虑，当时也不可能采集胎牛的血提取血清，那需要同时杀掉母牛和胎牛。顾方舟就和屠宰场商量好，如果要生小牛了，就赶紧通知他们，他们去屠宰场现场采集小牛的血。

用顾方舟的话说就是："我们这些做科研工作的人，以前哪儿干过这些事？可是为了细胞的组织培养工作，必须这么做。"正是靠着这种不怕苦、不怕累的拼搏精神，顾方舟硬生生用这种"土办法"解决了血清来源问题，在艰苦、落后的科研条件下持续推进病毒研究工作。

一九五七年，脊髓灰质炎疫情日趋严重，确立国内流行的"脊灰"病毒类型，建立"脊灰"病毒的实验室诊断标准迫在眉睫。为此，我国政府邀请苏联著名的病毒学家索柯洛夫来华，在上海中国人民解放军军事医学科学院举办"脊灰"病毒培训班，指导中国"脊灰"病毒的相关研究。

顾方舟在苏联留学时，因与索柯洛夫在同一实验室而相识，顾方舟扎实的学术功底、刻苦的学习精神和谦虚谨慎的性格都给索柯洛夫留下了深刻的印象。因此，索柯洛夫在决定应邀到上海讲学时，便点名要顾方舟协助他共同举办"脊灰"病毒培训班，同时开展"脊灰"相关研究工作。上海的军事医学科学院就商请北京流行病学研究所，希望借调顾方舟到上海工作。

顾方舟同意借调到军事医学科学院工作，但

希望实验室团队里的几位科研人员同行。因为此时的顾方舟已经着手开展"脊灰"病毒组织培养工作,具备了一定的研究基础,取得了部分进展,他不想因为借调工作影响来之不易的研究成果。

邀请索柯洛夫来华指导"脊灰"研究工作非常难得,因此当时的卫生部对借调顾方舟到上海工作非常重视。临行前,时任卫生部副部长崔义田专门找顾方舟进行了一次非常严肃的谈话,鼓励顾方舟全身心地投入到攻克"脊灰"的重任中。

当时的顾方舟仅仅是一个刚刚步入而立之年的年轻人,听到领导这么说,他就追问崔副部长:"您的意思是让我一辈子都从事'脊灰'工作?"

崔副部长非常肯定地对顾方舟说:"是的,一辈子都做这项工作,直到彻底解决'脊灰'问题。"

顾方舟猛然从崔副部长的话语中意识到,国家已经把消灭"脊灰"的重任交给了自己。他清楚地知道当时世界范围内"脊灰"流行加剧的趋势，即使是美国、苏联这样医学技术发达的国家，开发的"脊灰"疫苗也只是处于试验应用阶段，更不用说当时科研环境还非常落后的中国了。究竟什么时候能研制出"脊灰"疫苗，彻底消灭"脊灰"，此时，顾方舟的心里并没有明确答案。

但是，顾方舟明白，国家把消灭"脊灰"的重任交给自己，这是信任，更是责任。自己是共产党员，为中国人民谋幸福是共产党人的崇高使命，消灭"脊灰"，让亿万儿童健康成长，正是践行这一使命的体现。不管未来会遇到什么困难、什么挑战，自己都要把个人的一切奉献到消灭"脊灰"的伟大事业中去。

想到这些，顾方舟坚定地对崔副部长表示："国家交给我的这个任务，我一定竭尽全力，努力干好！"

关键一步

顾方舟带着光荣的使命来到上海。

上海是顾方舟出生的地方,也是父亲因为感染黑热病去世、家道中落的地方。现在,顾方舟要从上海开启"脊灰"研究的新篇章。

疫苗是预防各种传染性疾病的有效手段。病毒侵入人体后,在人体细胞中迅速繁殖,损害人体健康,比如人不幸感染上"脊灰"病毒后可能会致残。但是,人体的免疫系统天然具有强大的"记忆"功能,当免疫系统"消灭"病毒之后,它就会"存储"病毒的特征,一旦病毒再次入侵人体,免疫系统的记忆功能便迅速启动,产生特定的保护物质(如免疫激素、特殊抗体等),使人体免于病毒的侵害。

科学家们就是基于免疫系统的强大"记忆"功能,开发疫苗将病毒的特征全面"植入"人体免疫系统的"记忆库"。这样当病毒侵入人体时,免疫系统就能及时将病毒特征与"记忆库"特征对照,一旦相符,立即发动"攻势",病毒只能"落荒而逃"。

打个比方,如果病毒是"通缉犯",那疫苗就好像是"通缉令",全面准确地记载了"通缉犯"的相貌、神态等特征。只要"通缉犯"胆敢进入"通缉令"作用的范围,立刻就会遭到正法。这也说明疫苗与病毒特征越符合,免疫能力越强。这也就是为什么科学家在研制疫苗前要认真分离和辨别病毒特征。

疫苗接种被认为是人类在公共卫生领域取得的最伟大的成就之一,对于保护人类健康具有深远意义。天花病毒曾经是威胁人类健康的烈性杀手,据统计,人类历史上被天花夺去的生命数以亿计。但是,随着十九世纪中叶牛痘疫苗的诞生以及之后的广泛推广应用,一九八〇年,天花病毒最终被彻底消灭，这是人类数千年来战胜传染性病毒的历史性胜利。

天花病毒被消灭使得人们坚信，疫苗是控制和消灭传染性疾病的有效途径，要消灭"脊灰"，关键就是要攻克疫苗关。

当时，我国还没有建立科学的"脊灰"实验室诊断机制，主要根据患者的临床表现进行判断，很可能出现误诊。许多相同的病症是由不同的病因引起的，因此只有准确判断病因，才能对症用药，做到药到病除。

要研制疫苗，就必须对"脊灰"病毒进行科学、细致、全面的分析。顾方舟和索柯洛夫教授一起，从上海的"脊灰"住院病人中收集到七百二十六份粪便标本，取其中的三百四十四份样本分离病毒。在这三百四十四份样本中，被确诊为"脊灰"病毒的有二百八十一份，其余的其实是乙型脑炎病毒、脑膜炎病毒等其他病毒。经过实验，最终从这二百八十一份样本中分离出"脊灰"病毒一百一十六株，将其再分为三种类型，分别了解其来源、传播方式和免疫渠道。这是识别"脊灰"病毒特征的关键一步。

　　分离出"脊灰"病毒毒株是研制疫苗的基础。针对"脊灰"等传染性疾病研制疫苗，关键步骤就是掌握病毒的特征，分离出病毒毒株的意义就在于此。目前，在主要的流行性疾病中，还没有针对流感病毒普遍有效的疫苗，其原因就在于流感病毒经常发生变异，这就相当于"通缉犯"经常整容换装，导致人们即使研制出了疫苗，人体免疫系统"通缉令"也识别不了"变脸"的"通缉犯"，自然不能对它产生抗体。

　　顾方舟和索柯洛夫教授将他们的研究成果发表在一九五八年第五期的《中华儿科杂志》上，题目是《小儿麻痹的预防》。在文章的最后，顾方舟和索柯洛夫教授写道："（小儿麻痹症）如不及时加以注意就会引起严重的传播……这个疾病的研究已列为国家规划中的一项任务。我们已经在大力研究之中，并且已获得了初步的成绩。可以指望在不久的将来就可以制出疫苗。"

　　在不久的将来就研制出疫苗，顾方舟不仅有信心，更有决心！

疫苗"死活"之争

一九五九年三月,国家决定派顾方舟等人到苏联考察"脊灰"疫苗的生产工艺。当时,美国和苏联已经分别研制出了脊髓灰质炎疫苗。最早的是一九五四年美国医学家索尔克用福尔马林把病毒杀死后制成的脊髓灰质炎灭活疫苗(俗称"死疫苗"),经过试用已经上市。这一疫苗使用安全有效,能够大幅度降低"脊灰"患者的死亡率。

但是,死疫苗也存在明显的缺陷,它无法阻断"脊灰"病毒在人群中的传播,而且生产成本很高,其免疫的持久性也不明确,需要多次注射。

同时,美国和苏联两国的科学家也在联合研

究开发减毒活疫苗（俗称"活疫苗"），但其安全性受到较多质疑，医学界主要担心注射活疫苗后，病毒毒力可能会恢复，又会引起"脊灰"病毒的传染。美国医学家赛宾是活疫苗的发明人，他对活疫苗非常有信心，但始终无法进行安全性试验。

顾方舟冷静地观察着活疫苗与死疫苗之争，面临着艰难的抉择。一九五九年这一年，他再次赴苏联考察，利用一切途径，积极和在苏联留学时的老师、同学交流、探讨。

新中国成立初期，以美国为首的西方资本主义国家对中国实施全面封锁，苏联等社会主义国家是我国和海外开展经济、科技、文化交流的主要对象，苏联也给予了中国巨大的支持，顾方舟赴苏联学习考察，向苏联同行请教也是基于之前两国友好关系的习惯性做法。

但是这一次，顾方舟明显地感觉到中国和"老大哥"苏联的关系有了微妙的变化。由于中苏两国在一些重大问题上的分歧逐渐加大，两国高层关系开始渐生嫌隙，这也波及两国科技领域的交流。尽管顾方舟是苏联医学科学院培养的学生，他和那里的老师、同学都非常熟悉，但是涉及许多关于疫苗研究的情况，他们往往顾左右而言他，或者是模棱两可，并未透露给顾方舟真正有价值的信息，只是表示："究竟是用活疫苗还是死疫苗好，我们也在观察和考虑，你回去以后自己做决定，我们不能给你明确的意见或者主意。"

顾方舟意识到，苏联这个"老大哥"已经变了，靠不住了，要研制疫苗，只能依靠我们自己。

在苏联期间，顾方舟还代表中国参加了在莫斯科举行的国际性"脊灰"疫苗研究学术会议。会上，世界各国研究"脊灰"的知名学者云集。欧洲也好，美国也好，开始都是用死疫苗，而且取得了不错的效果。对于活疫苗，有一派人担心疫苗病毒的毒力出现返祖现象，给孩子吃了之后，排泄出来会传染给周围的孩子。这也是会上争论最尖锐的一个问题。另一派的说法是，活疫苗使用没问题，而且肠道都可以免疫，免疫得非常彻底。他们激烈地辩论着，但显然活疫苗和死疫苗的支持者都无法说服对方。

会后,顾方舟抱着厚厚的会议论文,仔细分析各位专家的观点和论述,反复思考对比。顾方舟一直牢记着在北大医学院求学期间,严镜清教授关于公共卫生必须结合社会发展状况的观点。顾方舟对此有清醒的认识,他认为:"学习外国的东西,不能他们怎么样,我们就怎么样,因为国情完全不一样,要学习他们最精华的部分。"

与美国、苏联不同,新中国刚刚成立不久,一方面,国家财力有限,各行各业都需要钱,死疫苗研究需要雄厚的财力,像美国那样,给卫生事业投入大量资金,这一方案显然不大现实;另一方面,当时中国绝大多数人口都生活在广袤的农村,物质生活水平低,医疗卫生条件极为落后,而死疫苗至少要打三针,每针要相隔一个月,成本高,漏打率更高,在当时的广大农村推广难度极大,相比之下,活疫苗成本只相当于死疫苗的千分之一。综合对比之后,顾方舟认为死疫苗显然不适合中国的具体国情,活疫苗技术是我国研究"脊灰"疫苗的最佳选择。

顾方舟具有深厚的科学素养,他要用数据和

事实说服大家。对于当时医学界最为关心的活疫苗的安全性问题，他进行了深入、细致的研究。一九五九年第六期的《中华儿科杂志》发表了顾方舟撰写的论文《小儿麻痹减毒活疫苗的目前状况与前景》，分别从活疫苗的服用者和接触者两个角度进行了安全性论证，并且对当时世界上进行的多个活疫苗试验进行了全面分析。这篇论文数据翔实，论证严密，充分证明随着医学技术水平的提高，活疫苗的安全性是有充分保证的。

在中国这样一个人口众多的国家，研制推广使用"脊灰"疫苗，对于疫苗的有效性、安全性和经济性因素必须同等重视，忽略任何一个方面，疫苗的预期效果都会大打折扣。正如顾方舟在论文中所指出的："减毒活疫苗对我国来讲实在是解决小儿麻痹的一个多快好省的办法。"

顾方舟的研究得到了广泛认可，卫生部及时采纳了他的建议，决定在中国研制应用"脊灰"活疫苗。

给刚满月的儿子喂疫苗

疫苗研制的大方向确定后,顾方舟就带领团队成员迅速投入到疫苗的研制中。

一九五九年十二月,经批准,中国医学科学院与卫生部北京生物制品研究所协商,成立"脊灰"活疫苗研究协作组,开展"脊灰"疫苗的研究工作,顾方舟担任研究协作组组长。消灭"脊灰"的战役正式打响了。

北京生物制品研究所具有较为雄厚的疫苗研究生产基础,其前身是成立于一九一九年的北洋政府中央防疫处。我国最早的牛痘、霍乱、伤寒、狂犬病疫苗都诞生于此,研究所的技术、专业人员等条件都在国内处于一流水平,"脊灰"

疫苗的研制任务就主要由北京生物制品研究所承担。

此前一年，顾方舟已经带领科研人员首次分离出"脊灰"病毒毒株，使"脊灰"疫苗研究有了良好的基础，这是疫苗研制的关键步骤。经过不断的优化完善，在顾方舟大费周折从苏联带回活疫苗之后，北京生物制品研究所开足马力，迅速开展疫苗的研究和生产工作。

生产出疫苗不算什么。疫苗安全不安全？具体效力如何？这些问题才是顾方舟和他的团队最为关心的问题，为此还需要实施有将近二十项指标的严格检验，只有每一项指标都通过检验，才算合格的疫苗。

顾方舟制订了两步研究计划：动物试验和临床试验。经过一番波折通过动物试验后，进入了临床试验阶段。顾方舟首先在自己身上做了疫苗试验，没有问题。但是，"脊灰"的感染者主要是儿童，临床上最有说服力的试验对象是儿童。为此，必须选择适龄儿童进行疫苗试验，而且参加试验的儿童除了身体健康，还不能感染过"脊灰",血液里不能有"脊灰"抗体。

要找到符合试验条件的儿童并不困难,问题是,在哪些孩子身上做试验呢?毕竟这是我国自主研制生产的首批"脊灰"疫苗,人们或多或少都会有些顾虑。不怕一万,就怕万一。"脊灰"疫苗只经过实验室检验,万一有什么不测呢?即使医学技术最为发达的美国,当初进行死疫苗接种,也因为灭活不彻底,导致部分孩子在注射疫苗后不幸感染小儿麻痹症。国产的首批"脊灰"疫苗能让人放心吗?

顾方舟对自己研制的"脊灰"疫苗有充分的信心,当然,他也能够理解人们的这种顾虑。那时候,他的长子顾烈东刚满月,顾方舟主动提出:"我们家小东刚满月,各方面都符合疫苗试验条件,就先从他开始。"

顾方舟平静的语调下透露着坚毅,更为重要的是,他心里有一个很朴素的想法:疫苗是我研制的,我自己的孩子都不用,让别人的孩子先用,这怎么说得过去?

因为担心妻子不理解,顾方舟瞒着妻子让儿

子参加了疫苗试验，妻子还是后来偶然间才得知事情原委。妻子没有丝毫的埋怨，她非常大度地对顾方舟说："你研制疫苗是为了千千万万孩子的健康，小东和千千万万的普通孩子一样，他不应该有特殊，我全力支持你的决定。"妻子的话让顾方舟特别感动，也给他增添了新的力量。

在顾方舟大无畏精神的感染下，实验室其他几位同事也让自己家孩子参加了首批疫苗试验。

都说孩子是父母的心头肉，儿子注射疫苗后，顾方舟虽然表面上还像平时一样表现得轻松镇定，但内心也一直紧张地关注着试验进展，生怕发生什么意外。试验成功了，一向坚强的顾方舟反而哭了……直到参加第一期临床试验的所有孩子都没有任何不良反应，顾方舟一颗悬着的心才终于放下。

看到每一个孩子都平平安安、健健康康地结束试验，第一期临床试验顺利通过，顾方舟非常兴奋，几年来呕心沥血的努力没有白费。他乘胜追击，又与北京市防疫站合作组织开展了第二期临床试验，选择二千名适龄儿童参加疫苗试验。

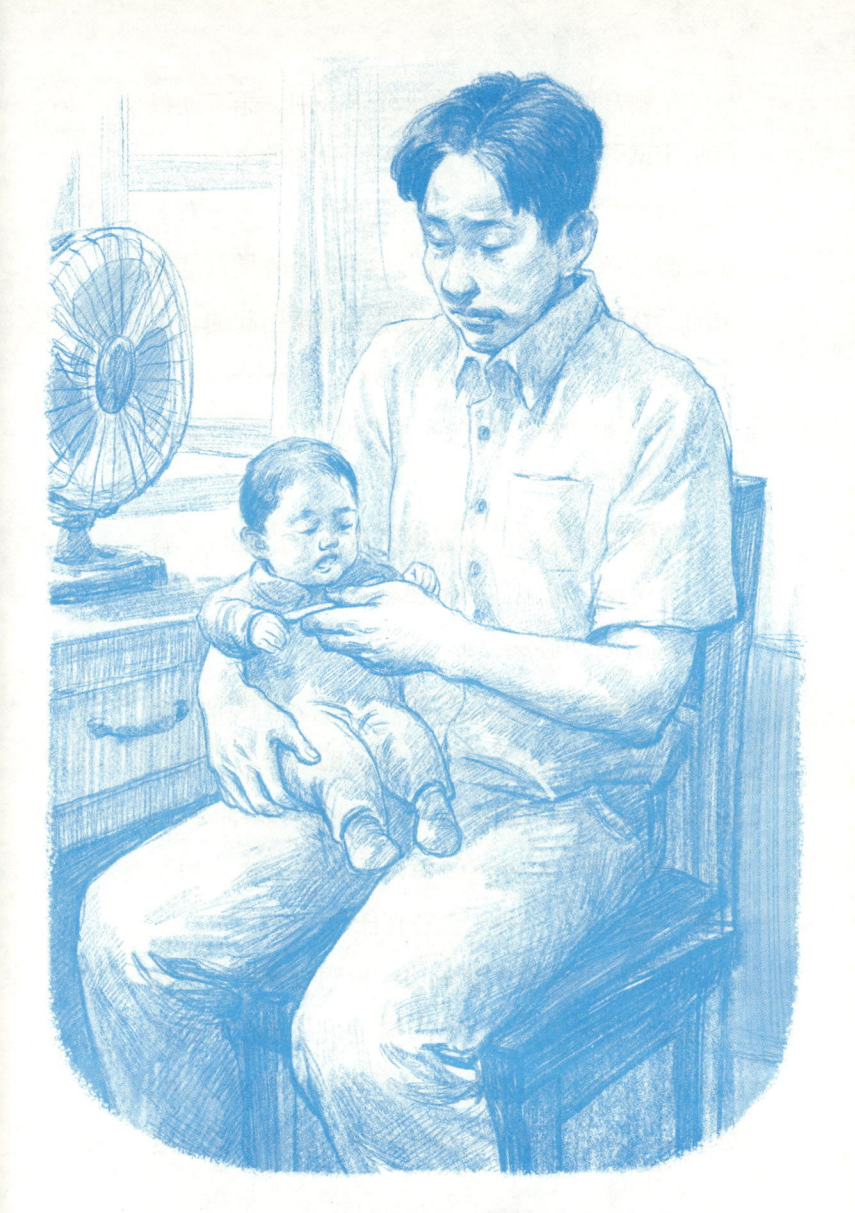

给刚满月的儿子喂疫苗

在顾方舟一生的科学研究生涯中，第二期疫苗临床试验对他而言是一个无比艰难的考验。因为试验时间正是"脊灰"流行的时期，万一有参加试验的孩子感染"脊灰"，很难分清是自然界中的"脊灰"病毒引起的还是活疫苗引起的。为了避免这一情况发生，顾方舟对试验进行了周密的设计和观察。功夫不负有心人，试验顺利完成。

美国和苏联之所以迟迟不敢大范围推广"脊灰"活疫苗，最大的担忧还是安全性问题。现在顾方舟的两期临床试验充分证明中国人研制的"脊灰"减毒活疫苗是安全的、可以信赖的。顾方舟的研究和试验一下子让中国的"脊灰"疫苗技术走在了世界的前列，他激动地对领导表示："我们研制的'脊灰'疫苗是安全的，大人用了没有问题，小孩子用了也没有任何问题。"

两期疫苗试验大获成功，表明疫苗的安全性是有充分保证的，当然更关键的挑战是疫苗的效力问题。"脊灰"的发病率大约是十万分之四，要验证"脊灰"疫苗的作用如何，就必须测试疫苗在大范围人群中的免疫效果。

顾方舟带领团队，与北京等十一个城市的卫生防疫部门合作开展疫苗试验。当时全国各地都对"脊灰"非常恐慌，听说疫苗问世，各个合作城市都非常积极，迅速统计上报适龄儿童数，很快就组织进行了针对五百万名适龄儿童的疫苗第三期临床试验。试验结果表明，疫苗具有显著的免疫效果，能够大大降低"脊灰"发病率。

我国研制的"脊灰"活疫苗临床试验大获成功，这个消息给正遭受"脊灰"病毒困扰的人们带来了希望。初战告捷，顾方舟还没有好好享受成功的喜悦，就又迎来了一项更为艰巨而光荣的任务。

毅然离京

新中国成立后,在和平安宁的生活环境下,我国人口迅速增加。一九五四年,当年新出生人口达到两千两百多万,相比一九四九年新中国刚成立时足足翻了将近一番。此后,每年新生儿数量基本稳定在一千九百万人以上。显然,面对全国每年上千万的新生儿,以及将近两亿的儿童,顾方舟组织"脊灰"疫苗试验时选取的五百万这个数量就显得太小了。

为了早日消灭"脊灰",让亿万少年儿童在健康幸福的环境下快乐成长,当务之急就是迅速大批量生产疫苗。卫生部领导把这个艰巨的任务交给了顾方舟。

如果说研制出试验用疫苗是解决从无到有的问题，大批量生产则要解决疫苗广泛应用的问题，后者要面对的困难和挑战并不比前者少。研制疫苗主要依靠科学技术，疫苗的大批量生产不仅要把好科学关口，更要关注原料、制造、储存、配送等各个环节，确保疫苗发挥出应有的效力。

生产"脊灰"活疫苗的一项重要原料是猴子肾脏细胞的上皮细胞。也就是说，疫苗的生产离不开猴子，生产疫苗需要大批的猴子。以前小范围地生产临床试验用疫苗，在北京还可以进行。现在要生产数以亿计的疫苗，北京的条件根本无法满足要求，因为没有足够数量、合适年龄的猴子。

云南独特的自然环境使其拥有的动物种类数量居全国各省之冠，被誉为"动物王国"，这里生活的猴子较多，便于采集疫苗原料以及利用猴子开展实验。

"为了尽快生产出大批量的疫苗，到云南去！"中国医学科学院决定在云南设立研究生产基地。

顾方舟陪同中国医学科学院的领导到云南昆明考察。由于备战备荒战略形势的需要，最后他们决定在昆明郊外当时还是一片荒山野岭的玉案山花红洞建立猿猴实验站，后来猿猴实验站逐渐发展为医学生物学研究所。

地点选好了，接下来就是人的问题了。派谁去昆明从零开始做疫苗的研制生产工作呢？

不要说一片荒芜的玉案山花红洞，就是昆明，在二十世纪五十年代末的时候，也还是一个非常落后的小城。没有直通的火车，要是坐火车的话，要先坐到贵阳，再转乘汽车到昆明。建设猿猴实验站时，昆明缺少钢材，从北京采购的钢材还要先运送到越南河内，再通过滇越铁路辗转到达昆明，实验站建设的艰辛可见一斑。

至于猿猴实验站所在的花红洞，创建之初的工作和生活条件更是异常艰苦。当时年轻的科研人员赵玫去实验站报到，到达昆明时已是晚上，她电话联系站里说第二天早上到站。电话那头，站里领导让她在昆明市区多住几天，因为实验站唯一的一辆汽车坏了，正在修理。实验站坐落在海拔两千一百多米的高原上，距昆明城边还有将近二十公里，又不通车，所以要等单位的车修好后再接她。赵玫报到心切，第二天一早就步行出发，中午才走到半山腰，等走到实验站时，已是夜幕降临。还有刚刚大学毕业的龚春梅，拖着简单的行李去报到，当走在崎岖的山路上时，她真想大哭一场。

选址花红洞后，还有一些北京的专家也受邀考察。这些专家普遍认为选址云南靠近猴类生态群，对疫苗生产非常有利，但专家们大都对花红洞恶劣的环境条件充满疑虑："在这片杂草丛生的地方，先不说其他问题，仅仅水质就很差，抽出的水是红色的，过滤了都不行，怎么生产？怎么生活？"

虽然环境格外艰苦，但是猿猴实验站对于"脊灰"疫苗研制和生产的重要意义是不言而喻的。面对各种疑虑，顾方舟坚定地表示："无论如何，我们非要在花红洞生产出疫苗不可。"

中国医学科学院的领导也非常重视实验站和

医学生物学研究所的建设发展，约谈了好几位老专家，让他们去昆明，但是都没有人愿意。那时候从大城市往昆明调人都非常困难，更不用说处于荒地状态的花红洞了。

看到这种情形，顾方舟坐不住了，他深知，昆明医学生物学研究所早一天正常运转，"脊灰"疫苗就能早一天批量生产，消灭"脊灰"的斗争就能早一天取得胜利。

顾方舟找到院领导，他郑重表示："我愿意扎根昆明，为实验站、研究所建设尽心尽力。"

此时顾方舟的孩子还小，年迈的母亲也需要照顾，正是"上有老、下有小"的境况。他留在北京，对照顾老人和孩子都更有利，因此，院领导都觉得让顾方舟去昆明不太合适。

顾方舟认准了的事情就一定要做，他满怀深情地对院领导说："消灭'脊灰'是造福亿万人民的大事，当年时任卫生部领导已经代表组织把这项工作交代给我。昆明医学生物学研究所环境是艰苦，但是为了人民的健康事业，我义不容辞，愿意带头去吃这个苦。而且，不光我去，我们全家都要去昆明。"院领导被顾方舟的精神和勇气深深感动了,批准了他的请求。

当时,一些同事好心劝顾方舟说:"你去昆明,户口也要从北京迁走,最多你一个人去就行了,没必要让你的母亲、你的爱人和孩子都过去,和你一起吃苦。"

顾方舟大手一挥,坚定地说:"这个事情我已经下定决心了,为消灭'脊灰'奋斗是我一辈子的事业,不管吃什么苦我都愿意。我们全家都去,表示我要扎根昆明。如果只是我一个人去昆明,别人可能会说我没有长期在昆明奋斗的打算,是不是还想着过段时间回北京。"

顾方舟的母亲和妻子深明大义,都非常支持他的决定。一家老小决定离开首都北京,奔赴千里之外荒凉的昆明玉案山花红洞,在那里安家扎根。

人能饿，猴子不能饿

榜样的力量是无穷的，在顾方舟的带领下，陆陆续续有其他科研专家和人员来到昆明，新生的昆明研究所的人气渐渐旺了起来。

消灭"脊灰"的目标就像一道无形的命令，让顾方舟和医学生物学研究所的同事们一刻也不敢松懈。当工程建设人员还住在附近的山洞里进行研究所基础设施建设，花红洞建设工地上尘土飞扬时，在堆满建筑杂物的实验室里，顾方舟已经带领科研人员紧锣密鼓地开始进行疫苗实验和生产了。

"天将降大任于是人也，必先苦其心志，劳其筋骨，饿其体肤，空乏其身，行拂乱其所为。"

正当顾方舟准备扎根昆明,一心想快速研制生产出满足亿万儿童需要的"脊灰"活疫苗时,外部环境形势发生急剧变化,让他面临一个个严峻的考验。

从一九五九年开始,我们国家经历了三年困难时期,国民经济遭受巨大的损失。几乎同时,苏联撤走大量援华专家,终止对我国许多建设项目的援助。为了应对恶劣的形势,中央决定大规模压缩建设项目,除非特别必要,在建、拟建的项目一律暂停或暂缓进行。

在这特殊的时刻,正在推进建设的昆明医学生物学研究所面临重大挑战,顾方舟的心头有一丝不祥的预感。

一天,顾方舟接到中国医学科学院领导从北京打来的电话,领导严肃地问道:"顾方舟,你要说老实话,昆明医学生物学研究所到底能不能干?干得了干不了?"

顾方舟当然清楚领导的问话是什么目的,他也理解领导在担心什么。眼下,正是国家最困难的时候,也许他的一个犹豫或者退缩,猿猴实验站、昆明医学生物学研究所的建设就要前功尽弃、付诸东流。花红洞的建设面临许多难以想象的困难，但是昆明医学生物学研究所的建设直接关系着"脊灰"疫苗的生产，如果项目暂停，那么"脊灰"疫苗的生产就不知要推迟到什么时候，"脊灰"的流行不知又要夺去多少儿童的健康乃至生命。

一想到这些，顾方舟瞬间感到责任重大，他在电话里坚定地说："困难肯定是有的，但这些困难都是可以克服的。我们这些人在昆明一定能干出成绩来。"

顾方舟坚定的回答给了医学科学院领导以信心，最终，在国家有关部门支持下，医学科学院领导决定，无论遇到多么大的困难，昆明研究所的建设都要坚持下去。

昆明花红洞山沟里的科研人员得知这个消息后都非常振奋，他们自觉克服各种困难，全力投入到昆明研究所的建设和科研中。

在昆明医学生物学研究所外，有一段路只能容一辆小车行驶，给所里来往交通造成很大不便。由于国家资金有限，顾方舟就组织大家自己动手修路。他在正常的科研工作之余，自己主动去拉小车来回运土，没有一点儿知识分子的架子。在顾方舟的带领下，一段宽阔平坦的马路终于修好了。

培养疫苗细胞需要恒温室，这在当时是一笔不小的投资，为了节约经费，顾方舟就找来电工，自己动手建起了恒温室。

这期间，顾方舟和科研人员一起，不仅承担了繁重的科研任务，还活跃在各个建设工地上，实验室、宿舍楼等项目的建设都凝结了他们的汗水。在一片荒芜的土地上，在缺少经费支持的严峻形势下，顾方舟带领大家自力更生，硬是把研究所建了起来，这不能不说是一个奇迹。当时，除了大型离心机是从德国进口的，白蛋白是从英国进口的，其他设备、原料等都是顾方舟和大家想办法，独立自主完成的。

不管在科研岗位上，还是在建设工地上，顾方舟都扮演着领头羊的角色，处处争先，彰显了共产党人的担当精神。一次在清理冷库时，有位工作人员使用酒精时不慎引起了火灾，冷库刹那间变得火苗四蹿、烟雾弥漫。正在现场的顾方舟怕火势蔓延，烧毁宝贵的实验物资，没有丝毫迟疑，迅速冲进去抢运各种实验物品。由于火烟浓烈，顾方舟因一氧化碳中毒昏迷在冷库现场。其他人员赶紧送他去医院。看到躺在病床上虚弱的顾方舟，前来看望的工作人员都被深深感动了，许多人当场抽噎起来。顾方舟却像没事一样，他使出全身力气挣扎着说道："没什么大碍，我还要早点回到所里，和大家一起战斗！"

在那段艰难的日子里，要克服的更大难题就是饥饿。三年困难时期，粮食、蔬菜等各种食物都极度短缺。按照当时的规定，行政人员每人每月只能供应二十五斤粮食，云南省号召每人每月再节约一斤粮食，这样每人每月实际供应粮食只有二十四斤，平均每天只有八两。这对于顾方舟这些从事高强度科研任务的人来说，显然是不够的，许多年轻的小伙子工作强度大，可能每月四十斤粮食都不够吃。因此，当时不少人都处于半饥饿状态。

即使在这样的情况下,顾方舟对猴子却没有丝毫"怠慢"。他组织建设猴舍和猴园,还和大家一起研究摸索,为猴子制订食谱。顾方舟多次叮嘱猿猴饲养室的饲养员:"现在粮食紧张,但是宁愿人挨饿,也不能让猴子挨饿。"因为顾方舟明白猴子对"脊灰"疫苗的重要性,对他而言,"脊灰"疫苗就是自己的第二生命,他宁愿自己饿着,也不能因为猴子挨饿影响疫苗的研制和生产。

在顾方舟的特别关照下,尽管那段时期粮食短缺,昆明研究所的猴子食物供应却一直很充足,它们不仅吃得饱饱的,而且每天都能够吃到新鲜的水果和蔬菜。猴子的伙食甚至比研究所的工作人员都要好,以至于后来竟然发生了一起饲养员偷取猴子食物的事件。研究所的科研人员发现有人偷拿猴子食物后都非常气愤,他们最怕猴子吃不好,影响疫苗生产。

顾方舟得知这件事后,非常心酸。他看到附近有许多空地,就发动大家利用这些空地种植小麦、白菜、萝卜、土豆等,收获的粮食、蔬菜可以补充食物供应，改善生活，帮助大家共同度过了那段困难的日子。

昆明医学生物学研究所建设初期的日子是异常艰苦的，即便如此，顾方舟还是想办法为大家带来欢乐。他每个周末都组织研究所的同事们举办文艺演出，同时发挥自己的文艺特长，唱歌，编写话剧，带领大家做游戏。每当周末演出的时候，大家都踊跃参加，欢声笑语连绵不断，为艰苦的岁月留下了快乐的回忆。正如昆明研究所的同事们所言："在物质上，我们的生活可能是非常贫乏的，但是，在精神上我们都是非常富足的。"

后来，顾方舟回忆起那段艰难的岁月，还是满怀激情。他激动地表示："钱学森、钱三强他们搞'两弹一星'的时候，那真是吃了太多的苦，我们比起他们算不了什么。不过，有一点我们都是相同的，那就是面对外部困难，我们都是憋着一口气，一定要把事情干成！"

"要有这个志气"

我国著名数学家华罗庚先生说过:"科学上没有平坦的大道,真理长河中有无数礁石和险滩。只有不畏攀登的采药者,只有不怕巨浪的弄潮儿,才能登上高峰采得仙草,深入水底觅得骊珠。"

顾方舟就是那不畏攀登的"采药者",他要在科学探索的道路上艰苦跋涉,采得消灭"脊灰"的"仙草"——疫苗。

在昆明医学生物学研究所,顾方舟带领团队开始了艰辛的疫苗研制生产过程。

第一步是细胞培养,就是把猴子的肾脏上皮细胞加上培养液,在专用的玻璃瓶(罗氏培养

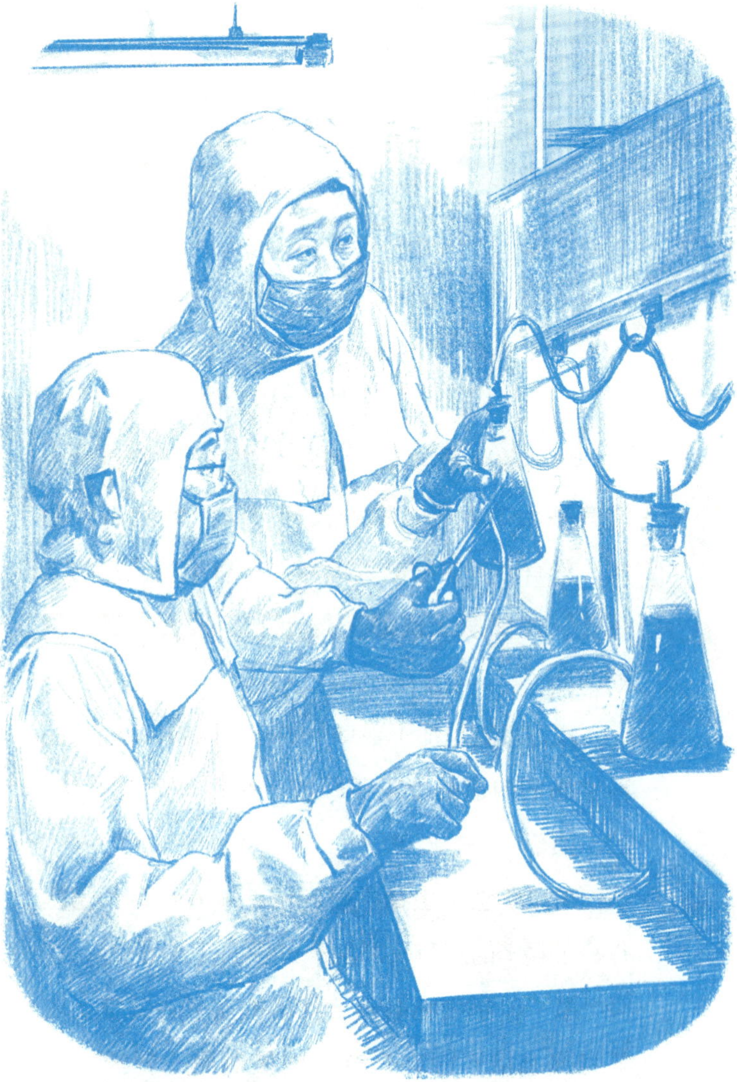

瓶）里培养生长。猴子的细胞是疫苗的重要来源，必须认真检查猴子是否含有病毒。猴子身上可能带有一种疱疹病毒——B病毒，人感染后会得具有致死性的上行性脑脊髓炎，当时世界上已经发生了多起因感染B病毒而死亡的事件，所以在做实验时必须加倍小心。

细胞生长符合要求，再进入第二步——病毒培养。首先在细胞培养瓶中植入疫苗毒种，病毒在细胞里生长繁殖后获取疫苗病毒。培养病毒要求在恒温三十七摄氏度的温室中进行，一个培养流程大约耗时七天时间。挑选细胞时，要把显微镜放在恒温箱里面，工作人员身处三十七摄氏度的温室环境中，每次都汗如雨下。为了避免细胞被污染，要使用紫外线一直照射。

之后就到了第三步，也是最为关键的环节——疫苗检定。由于"脊灰"活疫苗取自动物源（猴子）细胞，为了保证疫苗的安全性、有效性，其检定是所有生物制品中检定项目较多、较复杂的。每批疫苗成品要检定十二个项目，生产用的猴子肾脏上皮细胞、辅料用的葡萄糖等都需要接受检定，每项检查都要签发检定报告，符合要求才能使用。

上述过程说明疫苗的生产是一个环环相扣、要求非常精细严格的过程，一丝一毫的差错都可能造成严重的后果。

顾方舟在工作上一丝不苟，对疫苗质量尤为重视。例如，疫苗的单位病毒含量是判断疫苗质量的重要指标，"脊灰"疫苗要求每一毫升疫苗的空斑形成单位（PFU）不能低于七，这就要求细胞培养和病毒培养环节必须格外细致。有好几次，工作人员辛辛苦苦培养的疫苗，经检定空斑形成单位都不到七，顾方舟认为疫苗安全关系着孩子们的生命安全，容不得丝毫的差错，坚决将其废弃，从头开始重新培养细胞和病毒，然后再次接受检定。

疫苗的安全性最终取决于大量人群的现场观察，包括观察流行病学效果、血清学和病毒学免疫效果、免疫力持续时间、肠道病毒对疫苗病毒繁殖能力的影响等。顾方舟领导开展了相关工作，病毒学、血清学和流行病学研究都证明国产"脊灰"活疫苗安全，有良好的免疫学效果和流行病学效果，有关研究成果《7岁以下小儿口服脊髓灰白质炎三型混合减毒活疫苗的血清学反应》《Coxsackie病毒对脊髓灰质炎活疫苗病毒在小儿肠道内繁殖的影响》在《中华医学杂志》等学术刊物发表。

为了规范疫苗研制和生产流程，顾方舟以苏联"脊灰"疫苗实验和检验规程为蓝本，领导并参与制定了我国"脊灰"疫苗生产的暂行规程和操作规则，经卫生部批准，这一规程成为我国"脊灰"活疫苗质检的正式规程，为我国疫苗质量达到国际规程要求做出了重要贡献。

在顾方舟的带领下，昆明研究所具备了年产三亿人份"脊灰"活疫苗的能力，在疫苗研制生产领域产生了日益重要的影响力，焕发出勃勃生机，成为西南边陲一道亮丽的风景线。

周总理在访问缅甸的途中在云南停留，云南省领导向周总理介绍说昆明郊外花红洞的疫苗研制工作做得非常出色，周总理就前来视察。

顾方舟向周总理汇报了"脊灰"疫苗生产的

情况，这是顾方舟时隔十年第二次见到敬爱的周总理。

十年前，当顾方舟参加周总理在北京的集体宴请时，他还仅仅是一位刚刚大学毕业不久、即将奔赴苏联的留学生，一位刚刚踏上科学研究道路的青年新秀。在宴会上，他和同伴兴奋地向周总理敬酒，激动地向周总理汇报自己攻读的医学领域。当时，顾方舟对自己的未来一定有美好的畅想，但是，那一刻他可能没有想到，十年后自己会成为中国消灭"脊灰"的旗手，站在消灭"脊灰"斗争的最前沿，站在周总理面前，向他汇报这一关系着亿万儿童生命健康的伟大事业的进展。

顾方舟满怀信心地对周总理表示："我们的疫苗要有足够的产量，让全国所有七岁以下的儿童都能用到，到那时我们就能在我国彻底消灭'脊灰'。"顾方舟还向周总理保证，等"脊灰"消灭了，他们还要研究和战胜其他各种疑难病症，得到了周总理的赞许和鼓励。

周总理的鼓励给了顾方舟新的力量，鞭策他

在消灭"脊灰"的道路上奋勇前行。晚年的顾方舟在回首往昔时，谈起这段岁月还充满豪情，他说："从一九五八年到一九六一年，是我一生中难忘的四年，是我践行出国前向党立下'学成回国，报效祖国'誓言的四年，也是我们这个战斗的集体经受各种困难和考验的四年。"

糖丸问世

顾方舟带领团队成功研制出"脊灰"疫苗，这种疫苗免疫力好，成本低，使用方便，但是在疫苗准备应用的过程中，他很快遇到了新问题。

疫苗是液体形态，使用前要用凉开水稀释十倍，稀释后的疫苗必须冷链保存，就是从离开防疫站或卫生站到儿童最终服用，全程必须冷藏。疫苗怕热，如果在室温中储存，不久就会失效。城市有冰箱，人口居住集中，这个问题还不明显。但是对于二十世纪六十年代我国的广大农村来说，卫生条件落后，冰箱很少，而且人口居住分散，很难满足疫苗冷链储存的要求，极易导致疫苗失效。此外，液体疫苗在运送和使用过程中容易造成浪费,不利于大规模使用。

当时,我国农村人口占全国人口总数的百分之八十以上,如果农村不能消灭"脊灰",那么,在全国范围内消灭"脊灰"的目标也就无法实现。如何针对我国农村的实际条件,克服疫苗的冷链储存难题?顾方舟苦思对策。

一天,顾方舟偶然看到同事的孩子吃水果糖吃得津津有味,他忽然眼前一亮,一个想法闪现在脑海里:既然液体疫苗储存这么麻烦,能不能把疫苗做成固体糖果的样子呢?

当顾方舟向其他科研人员说出糖果疫苗的想法时,大家普遍感到新奇,半信半疑。顾方舟不管这些,只要有利于消灭"脊灰",什么办法他都愿意尝试。

他马不停蹄地寻找相关资料,向中国医学科学院领导汇报液体疫苗的不足,以及开发研制固体糖丸疫苗的建议。在中国医学科学院的大力支持下,顾方舟带领科研人员刻苦攻关,将液体"脊灰"疫苗注入葡萄糖、奶粉等辅剂中,成功研制出固体糖丸剂型疫苗。

"脊灰"糖丸疫苗经试用后，发现其效果与液体疫苗完全相同，无任何不良反应，同时疫苗的耐热性大为增强，保存时间显著延长，在零下二十摄氏度的低温冰库或冰箱中可以保存两年，在普通冰箱中能保存五个月，在室温环境下最长能够有效保存两个星期。不要小看这增加的近两个星期的室温保存时间，它为广大农村特别是交通不便的边远地区争取到了宝贵的疫苗转运时间，大大增强了疫苗的应用效力，是对液体疫苗的重大突破。

后来，顾方舟就地取材，把糖丸疫苗储存在农村卖冰棍用的广口暖瓶中，这个"土办法"又在一定程度上延长了疫苗的保存时长，特别适合我国的社会环境。例如，在辽阔的内蒙古草原，地广人稀，相邻的牧民家庭之间相隔少则几公里，多则数十公里，防疫人员就提着装有糖丸疫苗的广口暖瓶，从一个蒙古包奔向另一个蒙古包，让牧民儿童及时用上疫苗，这显然是液体疫苗难以实现的。

另外，糖丸疫苗吃起来甜甜的，小朋友非常

喜欢。得知小朋友们非常喜欢吃糖丸疫苗，有的吃了一粒嚷嚷着还要，在昆明研究所的科研人员别提有多高兴了，从事伟大事业的成就感油然而生，他们说："我们当年饿着肚子，在山沟里为孩子们研究生产疫苗，这个苦吃得值！"

顾方舟也对自己别出心裁的创新非常满意。他后来在《关于使用脊髓灰质炎活疫苗若干问题》一文中饱含深情地写道："这种疫苗是用猴子的肾脏细胞制造出来的。每年为了生产疫苗要捕捉上千只猴子。疫苗生产过程复杂，要求很严格。小小的一粒糖丸，包含着科研人员、工人、生产人员的许多心血。所以要爱惜每一粒糖丸疫苗，按照要求，做好服苗工作，为我国消灭脊髓灰质炎而努力奋斗！"

打赢"脊灰"歼灭战

糖丸的发明,为"脊灰"疫苗在我国的广泛应用创造了条件。从一九六二年开始,国家开始广泛使用糖丸疫苗,这相当于顾方舟手里有了尖端的武器,接下来就是要向"脊灰"发起总攻了。

顾方舟晚年在回忆起消灭"脊灰"的过程时做过一个形象的比喻:"在军事上,光有武器,有枪、有炮,怎么打?每个国家的具体情况不一样,战略就不一样。"为了赢得对"脊灰"斗争的胜利,在我国迅速降低"脊灰"发病率,顾方舟以糖丸为武器,制定了三个工作重点——服苗率、时间和基本单位。

服苗率就是实际服用疫苗儿童占适龄应服用疫苗儿童的比例。我国人口众多，每年新生儿数量庞大。针对这么大的人口基数，为了达到彻底消灭"脊灰"的目标，就必须建立起一道牢固的免疫屏障，有效阻断病毒可能的传播。要形成免疫屏障，就必须有尽可能高的服苗率，从而实现群体免疫的效果，这样即使有偶发性的病毒感染，也不会引起较大范围的传播。顾方舟要求适龄儿童服苗率必须达到百分之九十五以上。

在时间上，顾方舟建议短期内就要实现疫苗服用率达标，这也是由我国特殊的国情决定的。有些国家，人口密度小，一部分孩子服用了疫苗，一部分没有服用，影响也不大。我国人口居住相对集中，必须尽快完成所有适龄儿童的疫苗接种。为此，医学生物学研究所还对疫苗进行了改进，重新调配剂量，把原本要分三次服用的疫苗合成为服用一次的糖丸，这样既方便了疫苗服用，也大大加快了疫苗接种的速度。按照当时的规划，七到十天就能让一个县级区域百分之九十五以上的适龄儿童都服用糖丸。

在基本单位上，顾方舟提出要发挥我国的制度优势，以公社（乡）等基层组织为最基本的单位，把全社会的力量都调动起来，迅速投入到疫苗接种工作中。例如，以公社（乡）为单位，首先统计出全部七岁以下的适龄儿童信息，然后一一推进服用疫苗。

在这个过程中，全国基层防疫工作者无私奉献，是消灭"脊灰"浩大战役中的伟大英雄。特别是一些边远地区的基层防疫人员，要翻山越岭发放疫苗，有些人在工作中坠落山崖，为消灭"脊灰"献出了宝贵的生命。顾方舟后来回忆说："消灭'脊灰'不光是疫苗的功劳，有了疫苗，送不到孩子的嘴里还是白费，这些工作都是基层防疫工作者做的，他们付出了很大的代价。通过'脊灰'疫苗就可以了解防疫工作者的伟大，防疫工作者太辛苦了。"

按照顾方舟提出的疫苗接种战略，我国"脊灰"发病率呈现断崖式的下降。自一九六四年"脊灰"糖丸疫苗在全国推广以来，"脊灰"的年平均发病率从一九四九年的十万分之四，下降到一九九三年的十万分之零点零四六，数十万儿童免于致残。

一九九四年九月，湖北报告了一起"脊灰"病例，此后我国再未发现由本土野病毒引起的病例。二〇〇〇年，随着世界卫生组织签发《中国消灭脊髓灰质炎证实报告》，表明我国已经彻底消灭了"脊灰"，这是继消灭天花病毒之后，我国公共卫生领域取得的又一项历史性成就。

作为世界上最大的发展中国家，中国消灭"脊灰"，使包括中国在内的西太平洋地区成为继美洲地区外世界上第二个消灭"脊灰"的地区，相比之下，经济和科学技术更为发达的欧洲直到二〇〇二年才彻底消灭"脊灰"。

世界卫生组织在实地考察了中国消灭"脊灰"的成果后，高度认可我国推广活疫苗技术的做法。许多发展中国家开始大范围使用活疫苗技术，这也是我国消灭"脊灰"对世界其他国家做出的贡献之一。

成功的鲜花都是由辛勤的汗水浇灌而成的，从借调上海考察分析"脊灰"疫情到远赴苏联考察疫苗，从北京在自己孩子身上试验疫苗到扎根昆明筚路蓝缕……顾方舟四十二年如一日，无论身在哪里，都铭记着消灭"脊灰"的目标，并为之不懈奋斗。我国能够在较短时间内取得消灭"脊灰"斗争的重大胜利，顾方舟在其中发挥了至关重要的作用，做出了历史性的贡献。

正如免疫学家、中国工程院院士、曾任中国医学科学院院长的巴德年教授在文章中所说的："顾方舟教授研制成功的脊髓灰质炎疫苗最符合中国国情，为在中国消灭脊髓灰质炎立下了汗马功劳。"顾方舟也因此被誉为"中国消灭'脊灰'第一人"。

在成就面前，顾方舟非常平静，他只是淡然地对妻子说："这一辈子没有白费工夫，我完成了国家交给我的任务，心里的石头落地了。"

好领导、好导师、好朋友

昆明是顾方舟的第二故乡,在这里他主持建设了昆明医学生物学研究所,白手起家建起"脊灰"疫苗生产基地,满足了亿万儿童的疫苗需要。在昆明的时光是顾方舟一生中应该大书特书的峥嵘岁月,在这里他与研究所的同事们朝夕相处,筑起了攻克"脊灰"的坚强堡垒。

昆明研究所刚刚成立时,为了迅速提高工作人员的专业技术水平,顾方舟分批选送职工到北京有关科研机构学习。他经常通过朋友、同学等打听中国医学科学院、军事医学科学院有什么培训信息或者学习机会,积极选送人员学习最新的专业知识。顾方舟认为人才是重要资源,对于科研机构更是如此，因此他格外重视人才培养，想尽办法让科研人员进修学习病毒学知识，为开展病毒研究工作打牢坚实的基础。

顾方舟不仅非常重视科学研究，对于技术操作、生产环节他同样要求很高，鼓励技术人员学习成长。研究所有一些中专生，是疫苗生产的技术工人，平时的工作就是刷刷瓶子或者饲养猴子，顾方舟也选送他们到北京对口的专业机构学习，掌握先进的技术方法，力求做到精益求精。在顾方舟的支持和鼓励下，这些疫苗生产线上普普通通的技术工人，都逐渐成长为疫苗生产的技术骨干。

除了选送人员学习，顾方舟还积极邀请顶尖专家到研究所授课、交流。他要求疫苗研究和生产的各个小组负责人每星期都要做文献学习报告。当时，这些负责人普遍没有接受过规范的科研训练，并不清楚怎么写文献报告，顾方舟就手把手教他们怎么读科研论文，怎么写文献综述，怎么发现问题。刚开始大家对这些严格的要求很抵触，但是经过一段时间高强度的学习，大家都发现收获很大，对顾方舟的培养方式更加佩服。

在顾方舟的科学指导下，研究所一些当时普普通通的科研工作人员学习钻研的潜力被大大激发出来，后来都成长为科研岗位上的骨干力量，极大地壮大了昆明医学生物学研究所的科研实力，为我国病毒学研究事业做出了重要贡献。

在昆明医学生物学研究所，顾方舟和科研人员结下了深厚的感情，他不仅支持科研人员提升专业水平，还真挚地关心他们的成长和发展，竭尽全力地为他们提供帮助。所里原有一位科研骨干，结婚后和丈夫长期分居，孩子也不能得到很好的照顾，经常生病。左右权衡，她向研究所提出调到昆明市内工作，并且得到了组织批准。但是，她调工作后，专业不对口，心理落差较大。顾方舟得知这个情况后，专门找到她进行了一次严肃的谈话。顾方舟说："你是国家花了大力气培养的技术骨干，派你到国外进修，很不容易，现在正是你大有可为的时候，首先想的应该是如何用最好的方式报效祖国。"一席话说得她非常惭愧。在征求她的意见后，顾方舟又联系协调，将她调回昆明医学生物学研究所工作。重回研究所后，她工作起来得心应手，如鱼得水，又恢复了往日的乐观和进取状态。

在科研人员的成长和发展上，顾方舟是领导，是老师，为他们创造尽可能好的成长机会和发展环境，指导他们选择最大程度实现自身价值的人生道路。在生活上，顾方舟是科研人员的好朋友，像家人一样热情地关心他们。有女同事要出差，恰好爱人也不在家，孩子还小，出差期间如何带孩子让她犯了难。顾方舟知道后，二话不说就让她把孩子送到自己家，让母亲帮忙照看。那时，顾方舟自己的两个孩子都还小，他母亲照顾起来已经非常辛苦。但是，顾方舟把同事的困难当成自己的困难，尽力为大家排忧解难。

后来，顾方舟调到北京后，当时昆明的物质条件还不是很好，肉、油供应都比较短缺，他在北京还时时关心着大家的生活。当有同事到北京出差时，顾方舟就让他爱人炼出好多食用油，装在油桶里，一桶桶地让同事带回昆明，分给大家。当研究所的同事们拿到顾方舟从北京捎来的食用油时，都非常感动，一桶桶油凝结的是顾方舟对昔日研究所同事无微不至的关心和牵挂。

在昆明医学生物学研究所，当大家提起顾方舟时，都会情不自禁地竖起大拇指。顾方舟既是他们的领导，更是他们的老师和朋友，他用自己独特的人格魅力赢得了大家衷心的尊敬和爱戴。

面对镜头哽咽了

自中国正式成为无脊髓灰质炎国家以来,对顾方舟的各种赞誉声纷至沓来,但他一贯低调谦虚,面对赞扬,他总是说:"消灭'脊灰'不是我一个人的贡献,是许许多多科研人员、医务防疫工作者共同努力的结果。"他更是很少主动向别人提及自己过往消灭"脊灰"的经历。

顾方舟是一个具有强烈使命感的人。一次,顾方舟接受电视媒体采访,在谈及消灭"脊灰"的历程时,他竖起手指说道:"我一生只做了一件事,就是做了一颗小小的糖丸。"他看上去并没有多么兴奋,反而有些惭愧地说道,"如果我早一点儿研究出疫苗,就能治好更多人,还有许

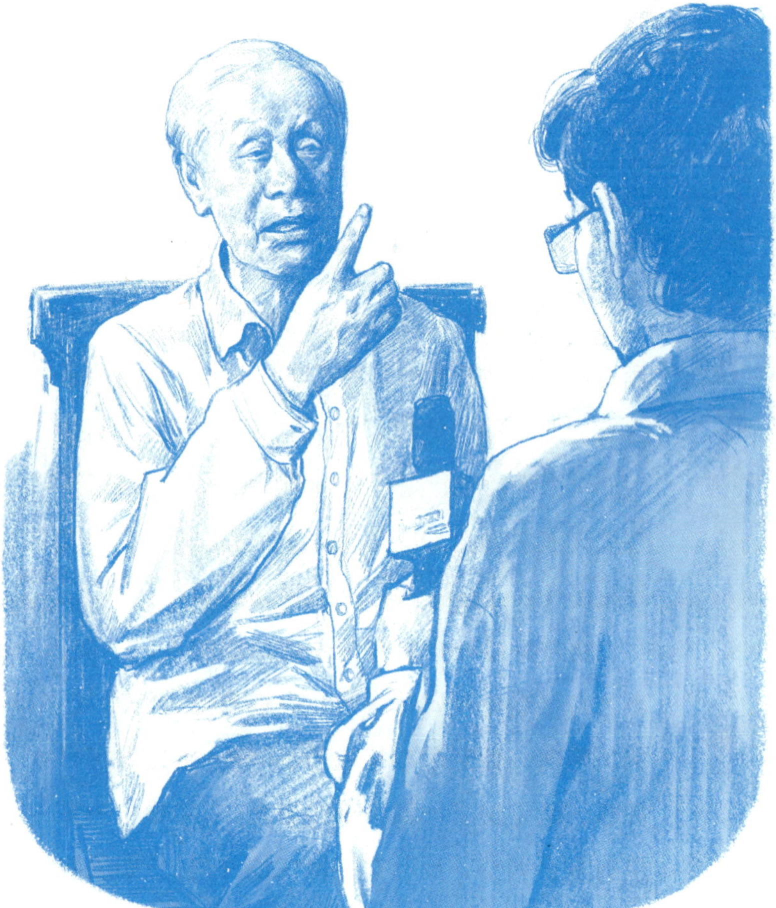

多孩子我没有救回来。"说这句话时,镜头面前的顾方舟情不自禁地哽咽起来。

这是顾方舟真情的流露,那一刻他的脑海里可能浮现出一幕幕难忘的情景:抱着患病的孩子向他求助的家长,那失落忧伤的眼神;"脊灰"在上海暴发时,他和索柯洛夫教授在上海期间,那病床上正遭受病魔折磨的孩子……

苏格拉底说过:"世界上最快乐的事,莫过于为理想而奋斗。"几十年来,消灭"脊灰"是顾方舟一直追求的理想,他矢志奋斗,并体会到无穷的快乐。顾方舟曾经说过:"我最值得骄傲的,就是选择了公共卫生,选择了公共卫生的疾病预防,而且贡献了自己的一些力量。小儿麻痹症在国内已经被消灭了,世界卫生组织已经认可,这是我最高兴、最高兴的事。"

由于顾方舟的杰出贡献,一九八七年,他被英国皇家内科医学院授予院士称号,是当选为该院院士的第二位中国人。此外,他还当选欧洲科学、艺术、文学科学院院士和第三世界科学院院士。

面对不断涌来的赞扬和荣誉，作为"中国消灭'脊灰'第一人"，顾方舟非常坦然，他没有躺在历史的功劳簿上，而是开始继续攀登新的高峰。

病毒性肝炎是严重危害我国人民群众身体健康的重大传染病。肝炎比脊髓灰质炎更为复杂，有甲型、乙型、丙型、丁型、戊型等多种肝炎病毒，其中危害最大、报告病例数最多的是乙型肝炎。全世界乙肝病毒携带者大约为三亿五千万，其中大约三分之一在我国。

顾方舟在协和医学院期间与美国中华医学基金会合作，主持了肝炎预防和治疗研究项目。这是一项持续五年的重大项目，他对肝炎病毒的流行病学、临床、血清学等方面进行了全面深入的研究。顾方舟在研究中还注意发挥其他科研机构的协同优势，上海、天津的一些医学研究所也加入了项目研究，这既有利于研究早出、多出成果，又促进了相关机构持续推进肝炎相关研究。

大部分乙肝病毒感染者是在出生时或年幼时感染，降低乙肝感染最有效的方式是在幼儿时期进行疫苗接种。顾方舟大力呼吁和推动将乙型肝炎免疫规划列入我国婴幼儿免疫规划。在他的努力推动下，一九九二年，乙肝疫苗纳入国家计划免疫管理；二〇〇二年，又将儿童乙肝疫苗纳入国家免疫规划。从一九九二年到二〇〇六年，我国通过及时接种乙肝疫苗，使超过八千万儿童免于乙肝感染，使乙肝病毒表面抗原携带者减少了近一千九百万。在这个过程中顾方舟发挥了重要的作用。

在长期的公共卫生研究中，顾方舟深刻地认识到免疫学对于公共卫生事业的重要意义。我国显著降低"脊灰"发病率并最终彻底消灭这一传染病的历程，就体现了免疫学的机理。现代免疫学已经发展成为既有自身的理论体系，又有特殊研究方法的独立学科，为生物学、医学研究提供了许多新的手段，成为公共卫生的重要学科基础。

为了引导和促进免疫学的发展，顾方舟发起推动成立了中国免疫学会。一九八九年十二月，学会第一次全国会员代表大会在成都举行。顾方舟以他在公共卫生领域的巨大贡献、崇高的声望，被选举为中国免疫学会第一届理事会理事长。中国免疫学会的成立，对于促进免疫学科发展、扩大学术交流具有重大意义。

顾方舟始终关注着医学领域的变化和发展。二十世纪八十年代末，当人们已经掌握了"脊灰"、疟疾、麻疹等传染病的预防手段和治疗方法后，顾方舟意识到，未来的医学要更加关注与经济发展、生活环境等密切相关的地方病、职业病的预防和治疗，因为要解决这类疾病引发的问题，不能单靠医学手段，必须采取综合性的措施。他在《科技导报》等媒体上发表文章，阐述医学科学技术发展趋势。今天，我们再一次读起这些写于二十世纪九十年代初的文字，不得不钦佩他深邃的判断力和科学的预见性。

二十一世纪被称为生命科学和生物技术的时代。二十世纪九十年代，基于系统论的生物工程技术诞生了。其实，在此之前，顾方舟就颇具前瞻性地指出，我国医药科技的发展要把生物技术、生物医学工程、新型药物研究作为战略重点之一。顾方舟还曾被选举为中国生物医学工程学会理事长,他身体力行,活跃在生物医学学科的前沿,主编了《医药科学和生物医学工程》一书,为推动医药和生物技术发展贡献了重要力量。

顾方舟在北大医学院读书时就深知公共卫生事业是与社会发展紧密相关的,在他看来,只要是有利于人民健康的事情,都值得倾力去做。晚年的他积极投身医学科学普及工作,出版了科普读物《健康在您手中》,倡导积极健康的生活方式。顾方舟在书中做了一个形象的比喻:"健康对于生命,犹如空气对于飞鸟,有了空气鸟儿才能展翅飞翔,珍惜生命就必须爱护健康。"

一九六一年,顾方舟向来昆明医学生物学研究所视察的周总理郑重表示:"'脊灰'消灭了,我们还要研究和战胜其他病症。"顾方舟一直用实际行动践行着自己的诺言。

打造"协和精品"

顾方舟的一生,和北京协和医学院有着不解之缘。

顾方舟初中毕业时考取了燕京大学附属中学,母亲希望他能读完高中三年考取燕京大学医预科,届时再通过燕京大学与协和医学院的合作培养机制,入读当时国内顶尖的医学院——协和医学院。但是,日本帝国主义的侵略打碎了顾方舟的求学梦想。不过,后来顾方舟入读的北大医学院的许多一流师资都来自协和医学院。

一九七八年,顾方舟担任中国协和医科大学副校长,六年后任校长。中国协和医科大学的前身就是协和医学院。百转千回,顾方舟终于回到了曾经梦想的协和。

顾方舟担任校长期间,协和的发展正处于相对不利的环境,由于国家财力有限,对于教育、卫生事业的投入不是很多,而协和又是规模相对较小的高校,能够获得的资源也较少。即便如此,顾方舟依然克服各种挑战,迎难而上。

大学的主要任务就是培养人才。顾方舟在昆明期间就非常注重青年人才培养,分批次选送优秀的年轻人到北京中国医学科学院、军事医学科学院进修,这些年轻人中很多人后来都成为科研工作的骨干。到协和后,顾方舟决心在这个更大的舞台上培养更多、更好的优秀人才。

协和具有优良的"三严"学风——严格、严密、严谨,顾方舟就是这"三严"的身体力行者。顾方舟常给学生讲述他自己求学时亲身经历的事情:在一次病理考试时,顾方舟觉得自己考得不错,成绩出来后却傻眼了,自己只考了六十分,还被任课老师狠狠地批评了一顿。顾方舟起初想不通,后来才理解了老师的深刻用意——医者,敬佑生命,救死扶伤,如果仅仅想着考试过关肯定是不行的，以后也不能成为一名优秀的医务工作者。顾方舟用自己的经历告诫医学殿堂的学子们，学医必须严格要求，打牢解剖、生化、药理等学科基础，绝不能只想靠着死记硬背考一个好分数，只知其然却不知其所以然。

顾方舟担任协和校长期间，协和是当时国内少有的实行八年制的医学高校，这也是协和严格学风的体现。但是，很多协和的学生没有完成八年的学习就出国留学了。这个现象在当时引发了社会讨论，甚至有人建议协和取消本科生教育，只开展研究生教育。

但顾方舟的态度很明确："之所以要实行八年制教育，就是要培养医学精英人才，让他们有充沛的时间多读点书、多参与一些实践。"顾方舟还在临床实习阶段引入"导师制"，让学生能够接受导师的全面指导。至于很多学生选择出国留学，青年时期有过留学经历的顾方舟思想颇为开明，他认为我国"脊灰"活疫苗的研制就是对国外先进医学技术消化、吸收再创新的过程，科学研究没有国界，关键是学成之后要报效国家。

在顾方舟的坚持下，不仅协和的八年制教育继续实施，其他一些医学高校也开始学习借鉴协和的培养模式，陆续开展医学教育学制延长的改革。许多出国留学深造的协和毕业生，学成后也纷纷回国，他们带回了西方发达国家最新的医学技术，为促进我国医学事业发展做出了独特贡献。

在协和期间，尽管事务繁忙，顾方舟仍坚持悉心指导研究生。他经常是先处理完校务行政工作，下班后从校长办公室直奔实验室。他对学生呵护有加，真正体现了古人对师者的定义——传道、授业、解惑。据顾方舟的博士研究生唐七义回忆，他每次见导师，如果科研上有好的进展，他汇报起来就非常兴奋，反之心情则会比较失落。但是，顾方舟和唐七义却恰恰相反。当学生愉快地汇报时，他只是简单询问下一步工作的进展，并不会表现得非常高兴；当学生心情失落时，他却热情地鼓励学生，耐心地和学生探讨接下来如何改进。后来，唐七义才真正理解了老师的良苦用心，他是想让学生们尽早养成良好的科研素养，做到胜不骄败不馁，始终保持良好的心态。

顾方舟十分关心学生的成长。他的学生刘德培在博士毕业时同时申请了美国加州大学旧金山分校的博士后项目和国家"863"科技攻关项目。当时，顾方舟告诉刘德培："不管是美国的博士后项目，还是我国的'863'项目，申请到任何一个都对你在医学界的发展具有重大的帮助。"让人喜出望外的是，刘德培的博士后项目和"863"项目都申请成功了。当时，这两个项目的主管部门都认为两个项目不能同时进行，两者只能选择其一。

顾方舟认为，对年轻学者而言，去加州大学旧金山分校做博士后和进行国家"863"项目都是非常难得的成长机会，放弃任何一个都非常可惜。他积极争取有关部门的支持，组织专家讨论，最终拍板决定，让刘德培带着课题以国际合作的方式在美国开展研究。

刘德培在美国做博士后项目期间，顾方舟在访美时去看了他两次，对他的科研工作给予指导。刘德培博士后项目结束后回国工作，后来还出任中国医学科学院院长。

顾方舟对协和倾注了大量心血，协和的人才培养、科学研究都取得了很大进展。他倡导开放交流，加强国际合作，为我国医学事业的发展培养了大批优秀人才；他甘为人梯，培养了一大批才华横溢的卓越人才，门下高足遍及海内外，桃李满天下；他担任校长期间，学校在癌症、白血病、高血压、冠心病、动脉硬化等各类疾病的病因学、发病学及防治研究方面取得了重大的进展，有四项研究成果获得了国家科技进步一等奖。

顾方舟让协和的名字更加熠熠生辉。

坚强的后盾

昆明医学生物学研究所庆祝建所五十周年时,顾方舟应邀致辞,他的第一句话是:"为了消灭脊髓灰质炎,我们奉献了三代人。"说到这里,顾方舟难以抑制地流下了眼泪。

顾方舟所言的三代人,是指在昆明医学生物学研究所,许多人来到花红洞艰苦创业,后来把父母也接过来在此安家,一些工作人员的爱人还主动离开大都市来此工作,再后来孩子出生了。在消灭"脊灰"事业的感召下,老中青三代人齐聚昆明。

顾方舟所言的三代人也是说他自己。作为科研专家,顾方舟带头离开北京,携母亲、妻子、孩子，三世同堂扎根昆明。

顾方舟从小失去父亲，是母亲含辛茹苦拉扯他们几个孩子长大的。母亲又帮助他树立了学医的理想，这也是顾方舟走上公共卫生道路的缘起。顾方舟的母亲对他的成长影响很大，顾方舟曾经说过："为了我们读书，能够念大学，母亲她吃了很多苦……我非常感谢母亲的抚育和教诲，也就是那个时候，她给了我一个性格，那就是不怕艰难，不怕困苦。"

当听说顾方舟因为研制"脊灰"疫苗的需要，必须安家昆明时，顾方舟的母亲特别支持他的决定。"我们一起去昆明，你们好好工作，我帮你们带孩子。"母亲说道。

一家人来到昆明时，顾方舟的母亲已经年迈，没过几年老人就在昆明去世了。到了晚年，每当回忆起母亲，顾方舟都充满了歉疚。

妻子李以莞同样毕业于北大医学院，她总是在顾方舟身后默默地给予支持。当顾方舟决定举家迁往昆明时，她没有丝毫犹豫，就坚决地说了一个字："行。"连顾方舟自己也深有感触地说：

"那个时候孩子还很小,如果没有妻子的支持,去昆明确实很难办。"

妻子到了昆明后,还发挥自己专业所长,一头扎进了消灭"脊灰"的浩大工程中。疫苗检定必须给猴子脑内注射疫苗,以观察疫苗效果。脑内注射要求很高,年轻的技术人员由于技艺掌握不够牢靠,常常出错。顾方舟的妻子对注射操作非常熟练,她就主动承担起这个高难度的工作任务。后来,妻子还给年轻的技术人员组织培训,提高他们的业务水平。经过训练,许多年轻的技术人员都能够熟练、准确地给猴子注射疫苗了。

说起顾方舟的大儿子顾烈东,他是我国最早服用国产"脊灰"活疫苗的孩子。长大后,顾烈东才知道父亲当年为了试验疫苗,首先在自己身上进行疫苗试验的事情。他满含深情地说:"我对父亲当时的决定没有丝毫埋怨,消灭脊髓灰质炎是父亲毕生的心愿,我对当初能参与到试验中感到非常光荣。"

顾烈东不仅参与了"脊灰"疫苗的试验,他的成长过程也与消灭"脊灰"的事业紧密相关。

小时候，父母经常在昆明研究所的实验室加班工作到深夜，晚上照顾弟弟的责任就落到了顾烈东身上。

有一天晚上，研究所食堂要放电影，是顾烈东最喜欢看的《地道战》。吃完晚饭，小东就变着法子哄弟弟睡觉，等弟弟睡着了，他就赶紧溜出去看《地道战》。但是，电影还没看完，广播就开始喊顾烈东的名字，说有人找他。他十分纳闷，这么晚了谁会找他呢，到了食堂门口才发现是弟弟。原来弟弟根本没睡踏实，刚眯了一会儿就醒了，发现家里一个人都没有。弟弟那时还小，一个小孩子哪敢一个人留在家里？弟弟就跑出家门找哥哥。这时，顾方舟和妻子还在实验室工作。

昆明医学生物学研究所地处远郊，建所初期生活条件艰苦，相关的学校、医院等生活配套设施很差。在这样的环境下，顾方舟的孩子们学业自然受到不小的影响。尽管如此，顾方舟还是对孩子们悉心教育，他尤其关注孩子们道德品格的培养。不管工作多么繁忙，他都尽量抽出时间来,利用各种机会给孩子们以训诲,比如:让孩子们围坐在家里的大方桌旁开家庭会议,让他们反思品行上的不足;写信、写字条给孩子们等。他更是身体力行,以自己高尚的道德品质、无私的奉献精神为孩子们树立了光辉的榜样。

顾方舟八十岁的时候,中国医学科学院、中国协和医科大学出版了画册《使命与奉献》,记录了他不平凡的人生和事业足迹。顾方舟给女儿顾晓曼赠送了一本画册,在衬页上他非常谦逊地写道——

小曼:

这本画册记录了你爸的一生。送你八个大字:忠、孝、仁、爱、信、义、和、平。爸实践了一辈子,但也没有做好,望你牢记这八个大字,深入理解这八个字的深刻含义,努力实践这八个字,使自己成为一个忠于国家、孝敬父母、仁爱众人、讲求信义的君子。

我们共勉吧。

多年以后,顾晓曼在深情回忆父亲时表示:"爸爸骨子里就是一个高洁的人,他用君子的品行要求自己和子女,这是他终其一生追求的目标,这就是他的'初心'。"

在孩子们眼里,顾方舟是父亲,更是良师益友。在父亲的言传身教下,顾方舟的三个孩子谨记父亲"踏踏实实做人,踏踏实实做事"的教诲,长大后都在各自的岗位上奉献社会。

妻子李以莞在谈及顾方舟时说:"党和国家给他的这个任务,他带着使命感完成了。他奉献了自己一生的力量,从二十几岁开始,做了一辈子。"其实,更准确地说,在顾方舟背后有一个坚强的后盾,他的家庭为他一生的奉献提供了强大的支持,给他增添了无比温暖的力量。

"谢谢您,那是我吃过最好吃的糖丸"

顾方舟谈起自己为消灭"脊灰"做出的贡献时,总是非常谦虚地说:"我一生只做了一件事,就是做了一粒小小的糖丸。"

著名教育家陶行知说过:"人生为一大事来,做一大事去。"以终为始,向死而生,消灭"脊灰",守卫人民群众的健康,是顾方舟一生都心心念念的事业。在顾方舟生命的最后时光,中国医学科学院医学生物学研究所所长李琦涵去看望他。临走时,顾方舟伸出他极度瘦削的手臂,抓住李琦涵的手,叮嘱道:"这是关乎千百万儿童健康的事,你们要用心去做,要用一辈子的精力去做。"

二〇一九年一月二日，九十二岁的顾方舟走完了他不平凡的一生，但他永远活在我们心中，党和国家永远铭记他，人民永远铭记他。

二〇一九年八月，中宣部、国家卫健委联合发布了二〇一九年"最美医生"先进事迹，全国有十名卫生健康工作者和中国志愿医生团队被评选为二〇一九年"最美医生"，顾方舟是其中之一。

二〇一九年九月十七日，国家主席习近平签署主席令，授予顾方舟"人民科学家"国家荣誉称号。国家荣誉称号，是中华人民共和国最高荣誉，授予在经济、社会、国防、外交、教育、科技、文化、卫生、体育等各领域各行业做出重大贡献、享有崇高声誉的杰出人士。迄今为止，被授予"人民科学家"国家荣誉称号的人士，包括顾方舟在内，仅有五人。

二〇一九年九月二十九日上午，顾方舟的妻子李以莞和女儿顾晓曼受邀参加了在人民大会堂举行的国家勋章和国家荣誉称号颁授仪式，替顾方舟接过了沉甸甸的"人民科学家"国家荣誉称号的奖章与证书。顾方舟的妻子对女儿顾晓曼多次说道:"'人民科学家',这里的'人民'两个字寓意真好,你爸爸一辈子心里想的就是要为国、为民做点有意义的事情,他要是知道他得了这个称号一定会感到宽慰。"

二〇二〇年五月,顾方舟获选"感动中国二〇一九年度人物",给他的颁奖词这样写道:"舍己幼,为人之幼,这不是残酷,是医者大仁。为一大事来,成一大事去。功业凝成糖丸一粒,是治病灵丹,更是拳拳赤子心。你就是一座方舟,载着新中国的孩子,渡过病毒的劫难。"

时光倒转,当顾方舟还是一个少年的时候,在天津英租界看到洋人欺负中国人,他的心里就萌发了要让国家强大、不能让中国人再受人欺负的信念。为了这一个目标,他走上了学医的道路;为了亿万人民的健康,他毅然放弃成为临床医生,选择投身公共卫生事业;为了消灭"脊灰",他数十年如一日无私奉献,终于研制生产出适合我国国情的"脊灰"活疫苗,让孩子们在无"脊灰"的环境下健康成长。

在弥留之际，顾方舟留下遗言："我一生做了一件事，值得……值得……孩子们快快长大，报效祖国。"

顾方舟逝世后，海内外广泛报道和追忆怀念，社会各界纷纷表达悼念之情。小时候吃过顾方舟研制的糖丸疫苗的孩子们已经长大成人，他们纷纷在网络上表达对这位发明"脊灰"疫苗的伟大科学家的由衷敬意和深深不舍，诸如："千古流芳，望老先生一路走好，小朋友们和大朋友们都该记住您的名字！""由衷地感谢您，您是民族的脊梁，向您致敬，顾老一路走好！"怀念的话语瞬间铺满了留言平台。

在众多的留言中，有一句留言最能让人瞬间感动落泪：

"谢谢您，那是我吃过最好吃的糖丸。"